마더텅 무빙워드 초등영단어 1300

모바일로 교재 MP3 이용하기

JN428532

25MWE

이용 방법 1

스마트폰으로 QR 코드 스캔!
→ DAY 선택 후 듣기!

이용 방법 2

① 주소창에 www.toptutor.co.kr 또는
포털에서 마더텅 검색

② 상단 메뉴 학습자료실 → MP3 클릭

③ 학년, 시리즈, 과목, 교재 선택 후
원하는 MP3 파일 다운

마더텅 무빙워드 초등영단어 1300

초판 1쇄
발행일 2025년 9월 30일
발행처 (주)마더텅
발행인 문숙영
책임 편집 정다혜, 성현영
교정 김보란, 조해라, 최은조, 윤병철, 권소연, 윤은채,
설민정, 김주선, 이명지
디자인 김연실, 양은선
인디자인 편집 김미라
제작 이주영
주소 서울시 금천구 가마산로96, 708호
등록번호 제1-2423호(1999년 1월 8일)

책 구성

25MWE

단어장의 첫 페이지나 오른쪽 상단에 있는 QR 코드를 스캔하여 발음을 들으며 암기하면 Listening과 Speaking에 많은 도움이 됩니다. 영단어 발음을 보다 쉽게 익힐 수 있도록 한글 독음을 함께 수록하였으니 발음하는 데 참고하세요.

유사하거나 반의 관계인 어휘 범주에 속한 영단어끼리 묶어 수록하였습니다. 단어를 GROUPING하면 연상이 쉬워지고, 많은 단어를 더욱더 효율적으로 암기할 수 있습니다.

DAY 021 날씨 ①

□ weather [웨더]	명 날씨
□ sunny [써니]	형 화창한, 햇살이 내리쬐는, 명랑한
□ cloud [클라우드]	명 구름 동 흐리다, 흐려지다
□ cloudy [클라우디]	형 흐린, 구름이 많은

다의어인 영어 단어의 뜻을 품사별로 구분하여 암기하면 문장 해석에 큰 도움이 됩니다. 품사는 각 영단어의 한글 뜻 앞에 있으며 아래와 같이 표시되어 있습니다.

명 명사 형 형용사
동 동사 및 동사구
부 부사 전 전치사
접 접속사 감 감탄사
한 한정사 의 의문사

표제어와 파생 관계이거나 연관된 단어는 표제어와 가까이 수록하였습니다. 파생 단어와 연관 단어를 묶어 암기하면 더 많은 단어를 효율적으로 암기할 수 있습니다.

5개의 DAY마다 중요 단어를 선별하여 REVIEW TEST를 구성하였습니다. 단어를 제대로 외웠는지 스스로 확인해 보세요. 마더텅 홈페이지 www.toptutor.co.kr의 우측에 있는 **문제은행**에서 나만의 단어 시험지를 생성하여 복습할 수 있습니다.

DAY 021~025
REVIEW TEST | 다음 영어 단어의 우리말 뜻을 쓰세요.

1 weather

2 cloudy

3 windy

단어 암기용 가림판 **사용 방법**

STEP 1 스프링에서 가림판을 떼어 암기장에 대고 외우고자 하는 영단어의 한글 뜻을 가려 보세요.

STEP 2 영단어의 뜻을 스스로 떠올려 본 후 가림판을 아래로 내려 한글 뜻을 확인해 보세요.

STEP 3 가림판을 한 칸씩 내리며 1~2번의 과정을 반복해 모든 영단어의 한글 뜻을 떠올려 보세요.

STEP 4 사용하신 후에는 다시 스프링에 끼워 보관하세요.

책 목차

DAY 001

자연 ①

☐ **nature** [네이춰]
명 자연, 천성, 본질

☐ **sky** [스카이]
명 하늘

☐ **sea** [씨이]
명 바다

☐ **sea floor** [씨 플로어]
명 해저

☐ **ocean** [오우션]
명 대양, 바다

☐ **bay** [베이] 명 만

☐ **beach** [비이취] 명 해변, 바닷가

☐ **river** [뤼버] 명 강

☐ **lake** [레이크] 명 호수

☐ **pond** [판드] 명 연못

DAY 002

자연 ②

- [ ] **mountain** 명 산
  [마운튼]

- [ ] **forest** 명 숲
  [포뤼스트]

- [ ] **wood** 명 나무, 목재
  [우드]

- [ ] **tree** 명 나무
  [트뤼이]

- [ ] **leaf** 명 나뭇잎
  [리이프]

□ **plant** [플랜트]
명 식물, 공장
동 심다

□ **grass** [그래스]
명 풀, 잔디

□ **cave** [케이브]
명 동굴

□ **land** [랜드]
명 땅, 육지
동 착륙하다

□ **desert** [명 데절트] [동 디절트]
명 사막
동 버리다

DAY 003

자연 ③

☐ **field** [피일드] — 명 들판, ~장

☐ **hill** [힐] — 명 언덕, 경사로

☐ **rock** [롹] — 명 암석, 바위

☐ **stone** [스토운] — 명 돌

☐ **sand** [쌘드] — 명 모래

☐ **animal** [애니믈] — 명 동물

☐ **beast** [비이스트] — 명 짐승, 야수

☐ **eco-** [이이코우] — 친환경의(=ecological)

DAY 004

우주

☐ **sun** [썬]	명 해, 태양
☐ **Earth** [어얼쓰]	명 지구, 세상, 땅(earth)
☐ **moon** [무운]	명 달
☐ **half moon** [해프 무운]	명 반달
☐ **star** [스타아]	명 별, 인기 가수[배우]

☐ **Jupiter** 명 목성
[쥬우피터]

☐ **Mercury** 명 수성
[멀켜뤼]

☐ **Saturn** 명 토성
[새터언]

☐ **Venus** 명 금성
[비이너스]

☐ **planet** 명 행성, 세상
[플래닛]

DAY 005

물질

☐ **air** [에어]
명 공기, 대기, 공중

☐ **gas** [개스]
명 기체, 가스

☐ **water** [워터]
명 물
동 물을 주다

☐ **fire** [파이어]
명 불
동 ~에 불을 지르다, 해고하다

☐ **oil** [오일]
명 석유, 기름

☐ **energy** [에널지]	명 에너지, 기운
☐ **power** [파워]	명 힘, 권력 동 작동시키다
☐ **gold** [고울드]	명 금, 금색 형 금빛의
☐ **golden** [고울든]	형 황금빛의, 특별한
☐ **ice** [아이쓰]	명 얼음

DAY 001~005

REVIEW TEST

다음 영어 단어의 우리말 뜻을 쓰세요.

1 nature

2 ocean

3 bay

4 river

5 lake

6 pond

7 forest

8 wood

9 leaf

10 grass

11 desert

12 field

13 hill

14 eco-

15 Earth

16 planet

17 gas

18 oil

19 energy

20 power

DAY 006

신체 ①

☐ **brain** [브뤠인]
명 뇌

☐ **head** [헤드]
명 머리, (조직의) 책임자
동 향하다, ~을 이끌다

☐ **hair** [헤어]
명 머리, 머리카락, 털

☐ **face** [페이스]
명 얼굴
동 ~을 마주 보다

☐ **eye** [아이]
명 눈

☐ **ear** [이어] 명 귀

☐ **nose** [노우즈] 명 코

☐ **mouth** [마우쓰] 명 입

☐ **lip** [립] 명 입술

☐ **tooth** [투우쓰] 명 이(복수형은 teeth)

DAY 007

신체 ②

☐ **body** [바아디]
명 몸, 신체

☐ **neck** [넥]
명 목

☐ **arm** [아암]
명 팔, 소매

☐ **hand** [핸드]
명 손
동 건네주다

☐ **finger** [핑거]
명 손가락

☐ **leg** [레그]

명 다리

☐ **foot** [풋]

명 발(복수형은 feet)

☐ **heart** [하알트]

명 심장, 가슴, 마음

☐ **blood** [블러드]

명 피

☐ **bone** [보운]

명 뼈

DAY 008

감각 ①

- ☐ **look** [룩]
  - 동 보다, ~해 보이다
  - 명 보기, 모습

- ☐ **look for** [룩 폴]
  - 동 ~을 찾다, ~을 구하다

- ☐ **see** [씨이]
  - 동 보다, 이해하다

- ☐ **watch** [와앗취]
  - 동 보다, 주시하다
  - 명 (손목) 시계, 주시

- ☐ **watch out** [와앗취 아웃]
  - 조심해라

□ **smell** [스멜]

동 냄새가 나다, 냄새를 맡다

명 냄새, 향

□ **feel** [피일]

동 느끼다

명 촉감, 느낌

□ **touch** [터취]

동 만지다

명 촉각, 만지기

□ **soft** [소오프트]

형 부드러운, 푹신한

□ **skin** [스킨]

명 피부, 껍질

DAY 009

감각 ②

☐ **aloud** [얼라우드]

부 크게, 소리 내어

☐ **chant** [챈트]

명 구호, 노래, 성가

동 구호를 외치다, (노래·성가를) 부르다

☐ **listen** [리슨]

동 듣다, 귀 기울이다

명 듣기

☐ **quiet** [콰이엇]

형 조용한

명 고요

동 조용해지다

☐ **shout** [샤우트]

동 외치다, 소리치다

명 외침

☐ **sound** [싸운드]

명 소리, 음

동 ~처럼 들리다

☐ **voice** [보이스]

명 목소리

동 (말로) 표현하다

☐ **woof** [우프]

감 컹(개가 크게 짖는 소리)

☐ **oink** [오잉크]

감 꿀꿀(돼지가 내는 울음 소리)

☐ **hooray** [후뤠이]

감 만세

DAY 010

감각 ③

☐ **taste**
[테이스트]

명 맛, 미각
동 ~ 맛이 나다

☐ **flavor**
[플레이버]

명 맛
동 맛을 내다

☐ **delicious**
[딜리셔스]

형 아주 맛있는, 냄새가 좋은

☐ **yummy**
[여미]

형 아주 맛있는

☐ **sweet**
[스위잇]

형 달콤한, 단
명 사탕 및 초콜릿류

☐ **salty** [쏘올티]

형 짠, 소금이 든

☐ **sour** [싸우어]

형 신, 상한

동 상하다

☐ **spicy** [스파이씨]

형 양념 맛이 강한, 매운

DAY 006~010

REVIEW TEST

다음 영어 단어의 우리말 뜻을 쓰세요.

1 brain

2 hair

3 mouth

4 tooth

5 neck

6 arm

7 hand

8 finger

9 bone

10 look for

11 watch

12 soft

13 skin

14 aloud

15 listen

16 quiet

17 shout

18 taste

19 flavor

20 delicious

DAY 011

인간

☐ **human** [휴우먼]
명 인간
형 인간의, 인간적인

☐ **race** [뤠이스]
명 인종, 경주, 경쟁
동 경주하다

☐ **racial** [뤠이셜]
형 인종의

☐ **man** [맨]
명 남자, 인류

☐ **guy** [가이]
명 남자, 녀석, 사람들(guys)

□ **gentleman** 명 신사
[젠틀먼]

□ **boy** 명 소년, 남자아이, 아들
[보이]

□ **woman** 명 여자, 여성
[우먼]

□ **lady** 명 여성, 숙녀
[레이디]

□ **girl** 명 소녀, 여자아이, 딸
[거얼]

DAY 012

가족 ①

☐ **family** [패멀리]
명 가족
형 가족의

☐ **parent** [페런트]
명 부모(아버지나 어머니 중 한 사람을 가리킴)

☐ **father** [파아더]
명 아버지

☐ **mother** [머더]
명 어머니

☐ **daughter** [도오터]
명 딸

☐ **son** 명 아들

[썬]

☐ **brother** 명 형, 오빠, 남동생, 형제

[브러더]

☐ **sister** 명 언니, 누나, 여동생, 자매

[씨스터]

DAY 013 가족 ②

☐ **grandparent** [그랜페런트]
명 조부모, 외조부모 (주로 복수형으로 쓰임)

☐ **grandfather** [그랜파아더]
명 할아버지, 외할아버지 (=grandpa)

☐ **grandmother** [그랜머더]
명 할머니, 외할머니 (=grandma)

☐ **aunt** [앤트]
명 고모, 이모, 숙모, 외숙모

☐ **uncle** [엉클]
명 삼촌, 외삼촌, 고모부, 이모부

☐ **cousin** [커즌] 명 사촌, 친척

☐ **marry** [매뤼] 동 ~와 결혼하다

☐ **wedding** [웨딩] 명 결혼(식)

☐ **husband** [허즈번드] 명 남편

☐ **wife** [와이프] 명 아내, 부인

DAY 014

모임 ①

☐ **alone** [얼로운]
부 혼자, 단독으로
형 혼자인, 외로운

☐ **together** [터게더]
부 함께

☐ **friend** [프렌드]
명 친구, 지지자

☐ **friendship** [프렌쉽]
명 우정

☐ **couple** [커플]
명 두 사람, 몇 명, 커플

☐ **partner** [파알트너]	명 파트너, 동반자 동 파트너가 되다
☐ **team** [티임]	명 팀 동 팀을 짜다
☐ **band** [밴드]	명 밴드, 무리, 띠
☐ **group** [그루웁]	명 무리, 집단, 그룹 동 나누다, (무리를 지어) 모이다

모임 ②

☐ **captain** [캡틴] — 명 선장, 기장, 주장

☐ **member** [멤버] — 명 구성원, 회원

☐ **membership** [멤벌쉽] — 명 회원 (자격)

☐ **club** [클럽] — 명 클럽, 동호회

☐ **neighbor** [네이버] — 명 이웃 / 형 이웃의

□ **social** [쏘우셜]	형 사회의, 사회적인
□ **people** [피이플]	명 사람들
□ **folk** [포우크]	명 사람들, 민속 음악 형 민속의, 전통적인
□ **campaign** [캠페인]	명 캠페인, 운동, 활동 동 캠페인을 벌이다
□ **parade** [퍼뤠이드]	명 퍼레이드 동 퍼레이드를 하다

REVIEW TEST

다음 영어 단어의 우리말 뜻을 쓰세요.

1 human

2 race

3 racial

4 man

5 family

6 daughter

7 aunt

8 uncle

9 cousin

10 marry

11 alone

12 together

13 friendship

14 band

15 group

16 captain

17 neighbor

18 social

19 folk

20 campaign

DAY 016 시간

☐ **clock** 명 시계
[클라악]

☐ **o'clock** 부 시
[어클라악]

☐ **hour** 명 시간, 시각, 때
[아우어]

☐ **time** 명 시간, 때
[타임]

☐ **on time** 시간을 어기지 않고, 정각에
[아안 타임]

- [ ] **day** [데이]
  명 하루, 날, 요일, 낮, 시대

- [ ] **these days** [디이즈 데이즈]
  요즘

- [ ] **today** [터데이]
  부 오늘날에, 현재
  명 오늘, 현재

- [ ] **yesterday** [예스털데이]
  부 어제
  명 어제, 과거

- [ ] **date** [데이트]
  명 날짜, 시기, 때

DAY 017

하루

☐ **morning** [모올닝]

명 아침, 새벽, 오전

☐ **afternoon** [애프털누운]

명 오후

☐ **night** [나잇]

명 밤, 야간

☐ **tonight** [터나잇]

부 오늘 밤에

명 오늘 밤

☐ **evening** [이이브닝]

명 저녁, 밤

☐ **a.m.** 오전

[에이엠]

☐ **p.m.** 오후

[피이엠]

☐ **now** 부 지금, 이제

[나우]

☐ **present** 형 현재의, 참석한

[형 명 프뤠즌트] 명 선물, 현재

[동 프뤼젠트] 동 수여하다, 보여 주다

☐ **tomorrow** 부 내일

[터마아뤄우] 명 내일, 미래

DAY 018 요일

☐ **week** [위이크] — 명 일주일, 주

☐ **weekly** [위이클리] — 형 매주의

☐ **weekend** [위이켄드] — 명 주말, 주말 휴가

☐ **Monday** [먼데이] — 명 월요일

☐ **Tuesday** [투우즈데이] — 명 화요일

☐ **Wednesday** [웬즈데이] 명 수요일

☐ **Thursday** [떠얼즈데이] 명 목요일

☐ **Friday** [프롸이데이] 명 금요일

☐ **Saturday** [쌔털데이] 명 토요일

☐ **Sunday** [썬데이] 명 일요일

DAY 019

달

☐ **month** [먼쓰] 명 월, 달

☐ **January** [줴뉴에뤼] 명 1월

☐ **February** [페브류에뤼] 명 2월

☐ **March** [마알취] 명 3월

☐ **April** [에이프럴] 명 4월

☐ **May** 명 5월
[메이]

☐ **June** 명 6월
[쥬운]

☐ **July** 명 7월
[쥴라이]

☐ **August** 명 8월
[오오거스트]

☐ **September** 명 9월
[쎕템버]

DAY 020

계절

☐ **October** [아악토우버]	명 10월
☐ **November** [노우벰버]	명 11월
☐ **December** [디쎔버]	명 12월
☐ **season** [씨이즌]	명 계절 동 양념하다
☐ **spring** [스프링]	명 봄, 용수철 동 뛰어오르다

☐ **summer** [써머] — 명 여름

☐ **autumn** [오오텀] — 명 가을(=fall)

☐ **winter** [윈터] — 명 겨울

☐ **year** [이어] — 명 (1년 열두 달로 이뤄진) 해, 1년

☐ **calendar** [캘린더] — 명 달력

DAY 016~020

REVIEW TEST

다음 영어 단어의 우리말 뜻을 쓰세요.

1 clock

2 hour

3 on time

4 date

5 afternoon

6 evening

7 present

8 tomorrow

9 week

10 weekly

11 weekend

12 Wednesday

13 month

14 February

15 August

16 September

17 December

18 season

19 autumn

20 calendar

DAY 021 날씨 ①

☐ **weather** [웨더]
명 날씨

☐ **sunny** [써니]
형 화창한, 햇살이 내리쬐는, 명랑한

☐ **cloud** [클라우드]
명 구름
동 흐리다, 흐려지다

☐ **cloudy** [클라우디]
형 흐린, 구름이 많은

☐ **wind** [윈드]
명 바람

☐ **windy** [윈디]

형 바람이 많이 부는

☐ **rain** [뤠인]

명 비

동 비가 오다

☐ **rainy** [뤠이니]

형 비가 많이 오는

☐ **rainbow** [뤠인보우]

명 무지개

☐ **wet** [웨트]

형 젖은, 비가 오는

동 적시다

DAY 022

날씨 ②

- ☐ **dry** [드라이]
  - 형 마른, 건조한
  - 동 마르다, 말리다

- ☐ **snow** [스노우]
  - 명 눈
  - 동 눈이 내리다

- ☐ **snowman** [스노우맨]
  - 명 눈사람

- ☐ **igloo** [이글루우]
  - 명 이글루(눈으로 지은 집)

- ☐ **heat** [히이트]
  - 명 열, 온도, 더위
  - 동 뜨겁게 하다, 데우다

☐ **hot** [핫]
형 더운, 뜨거운, 매운, 인기 있는

☐ **warm** [워엄]
형 따뜻한
동 따뜻하게 하다

☐ **cold** [코울드]
형 추운, 찬
명 추위, 감기

☐ **cool** [쿠울]
형 시원한, 서늘한, 멋진
동 식다, 식히다

DAY 023

정도 ①

☐ **size** [싸이즈]
명 크기, 치수

☐ **mini** [미니]
형 아주 작은, 소형의

☐ **small** [스모올]
형 작은, 어린
부 잘게, 작게

☐ **big** [빅]
형 큰, 나이가 더 많은
부 크게

☐ **large** [라알쥐]
형 큰, 많은, 대형의

☐ **weight** [웨이트]

명 무게, 체중

☐ **light** [라이트]

형 밝은, (색이) 옅은, 가벼운

명 빛, 전등

동 불을 붙이다

☐ **bright** [브라이트]

형 밝은, 똑똑한

부 밝게

☐ **heavy** [헤비]

형 무거운, 많은

☐ **strong** [스트뤄옹]

형 강한, 튼튼한

DAY 024

정도 ②

☐ **short** [쇼올트]

형 짧은, 키가 작은, 부족한

부 짧게

☐ **tall** [토올]

형 키가 큰, 키가 ~인, 높은

☐ **long** [로옹]

형 긴

부 오래

동 간절히 바라다

☐ **low** [로우]

형 낮은

부 낮게

☐ **high** [하이]

형 높은, 높이가 ~인

부 높게

☐ **deep**
[디입]
형 깊은, 깊이가 ~인,
(색깔이) 짙은
부 깊이

☐ **speed**
[스피이드]
명 속도

☐ **fast**
[패스트]
형 빠른
부 빨리

☐ **quick**
[퀵]
형 빠른
부 빨리

☐ **slow**
[슬로우]
형 느린
부 느리게, 천천히

DAY 025

정도 ③

- [ ] **easy** [이이지]
  형 쉬운, 편안한

- [ ] **hard** [하알드]
  형 어려운, 단단한, 열심히 하는
  부 열심히, 세게

- [ ] **difficult** [디피컬트]
  형 어려운, 힘든

- [ ] **great** [그뤠이트]
  형 큰, 대단한, 아주 좋은

- [ ] **super** [수우퍼]
  형 대단한, 굉장히 좋은

□ **clear** [클리어]	형 분명한, 확실한, 맑은 동 치우다
□ **certain** [써얼튼]	형 확실한, 확신하는, 어느 정도의
□ **sure** [슈얼]	형 확신하는 부 그럼, 정말
□ **ensure** [인슈어]	동 반드시 ~하게 하다, 보장하다
□ **very** [베뤼]	부 매우 형 바로 그

DAY 021~025

REVIEW TEST

다음 영어 단어의 우리말 뜻을 쓰세요.

1 weather

2 cloudy

3 windy

4 wet

5 dry

6 warm

7 size

8 large

9 weight

10 bright

11 heavy

12 strong

13 high

14 deep

15 speed

16 fast

17 difficult

18 clear

19 certain

20 ensure

DAY 026

상태 ①

☐ **ready** [뤠디]
형 준비된
동 준비시키다

☐ **bad** [배드]
형 안 좋은, 나쁜

☐ **worse** [워얼스]
형 더 나쁜
부 더 나쁘게

☐ **nice** [나이스]
형 좋은, 즐거운

☐ **fine** [파인]
형 좋은, 질 높은, 건강한, 미세한

□ **good**
[굿]

형 좋은
명 선(善)

□ **better**
[베터]

형 더 나은
부 더 잘

□ **best**
[베스트]

형 최상의, 최고의
부 가장, 가장 잘

□ **fresh**
[프뤠쉬]

형 신선한, 새로운

□ **new**
[누우]

형 새로운

상태 ②

- [ ] **hungry** [헝그뤼] — 형 배고픈
- [ ] **full** [풀] — 형 가득한, 완전한, 배부른
- [ ] **thirst** [떠얼스트] — 명 갈증, 갈망
- [ ] **thirsty** [떠얼스티] — 형 목이 마른, 건조한, 갈망하는
- [ ] **poor** [포어/푸어] — 형 가난한, 불쌍한

☐ **rich** [뤼취] — 형 부유한, 풍부한

☐ **dirty** [더얼티] — 형 더러운

☐ **clean** [클리인] — 형 깨끗한 / 동 닦다, 청소하다

☐ **cleaning** [클리이닝] — 명 청소

☐ **busy** [비지] — 형 바쁜, 열심인, 통화 중인

DAY 028

특성 ①

- [ ] **beautiful** [뷰우티플] — 형 아름다운, 멋진
- [ ] **beauty** [뷰우티] — 명 아름다움, 미, 미인
- [ ] **pretty** [프리티] — 형 예쁜 / 부 꽤
- [ ] **cute** [큐우트] — 형 귀여운
- [ ] **wonderful** [원더플] — 형 아주 멋진, 훌륭한

☐ **fantastic** [팬태스틱]
형 환상적인, 굉장한

☐ **curly** [커얼리]
형 곱슬의

☐ **famous** [페이머스]
형 유명한

☐ **special** [스페셜]
형 특별한, 특수한
명 특별한 것

☐ **classic** [클래식]
형 일류의, 전형적인, 고전적인
명 고전, 클래식, 모범

DAY 029

특성 ②

□ **talent** [탤런트]
명 재주, 재능

□ **clever** [클레버]
형 영리한, 기발한

□ **smart** [스마알트]
형 똑똑한
동 따끔거리다

□ **creative** [크리에이티브]
형 창의적인

□ **kind** [카인드]
형 친절한
명 종류, 유형

☐ **brave** 형 용감한, 용기 있는
[브뤠이브]

☐ **honest** 형 정직한
[아아니스트]

☐ **ugly** 형 못생긴
[어글리]

☐ **fat** 형 뚱뚱한
[팻] 명 지방, 기름

☐ **lazy** 형 게으른
[레이지]

DAY 030

특성 ③

□ **only** [오운리]	형 유일한 부 오직, 겨우
□ **complete** [컴플리이트]	형 완벽한, 완전한 동 완료하다, 기입하다
□ **real** [뤼이얼]	형 진짜의, 실제의
□ **really** [뤼이얼리]	부 실제로, 정말로, 아주
□ **true** [트루우]	형 사실인, 진짜의, 맞는

☐ **fact** [팩트]
명 사실

☐ **factual** [팩츄얼]
형 사실의, 사실에 기반을 둔

☐ **different** [디프런트]
형 다른

☐ **wrong** [뤄옹]
형 틀린, 잘못된
부 잘못, 틀리게

☐ **danger** [데인져]
명 위험

DAY 026~030

REVIEW TEST

다음 영어 단어의 우리말 뜻을 쓰세요.

1 worse

2 fine

3 fresh

4 new

5 thirst

6 thirsty

7 dirty

8 clean

9 curly

10 famous

11 special

12 classic

13 talent

14 clever

15 smart

16 creative

17 factual

18 different

19 wrong

20 danger

DAY 031

감정 ①

- ☐ **shy** [샤이] — 형 (사람이) 수줍은, (동물이) 겁이 많은
- ☐ **afraid** [어프뤠이드] — 형 두려워하는, 걱정하는, 염려하는
- ☐ **scary** [스케뤼] — 형 무서운, 겁나는
- ☐ **worry** [워어뤼] — 동 걱정하다, 걱정하게 만들다 / 명 걱정
- ☐ **worried** [워어뤼드] — 형 걱정하는

☐ **surprise** [썰프롸이즈]

명 뜻밖의 일, 놀라움
동 놀라게 하다

☐ **angry** [앵그뤼]

형 화난, 성난

☐ **crazy** [크뤠이지]

형 정상이 아닌, 열광하는, 미친 듯이 화가 난

☐ **mad** [매드]

형 미친, 몹시 화가 난

☐ **sorry** [쏘오뤼]

형 미안한, 유감스러운, 후회하는
감 미안해요, 죄송해요

DAY 032 감정 ②

☐ **sad**
[쌔드]
형 슬픈, 애석한

☐ **upset**
[업셋]
동 속상하게 만들다
형 속상한

☐ **cry**
[크롸이]
동 울다, 외치다
명 비명, 울음, 외침

☐ **tire**
[타이어]
동 피로하게 하다, 지치다

☐ **tired**
[타이얼드]
형 피곤한, 지겨운

□ **bore** [보얼]
동 지루하게 하다
명 지루한 일

□ **boring** [보오륑]
형 재미없는, 지루한

□ **excite** [익싸이트]
동 들뜨게 만들다,
불러일으키다

□ **excited** [익싸이티드]
형 신이 난, 들뜬

□ **exciting** [익싸이팅]
형 신나는, 흥미진진한

DAY 033

감정 ③

□ **enjoy** [인죠이] — 동 즐기다

□ **glad** [글래드] — 형 기쁜, 반가운, 고마운

□ **happy** [해피] — 형 행복한, 기쁜, 마음에 드는

□ **fun** [펀] — 명 재미, 장난 / 형 재미있는, 즐거운

□ **funny** [퍼니] — 형 우스운, 재미있는

□ **smile** [스마일]
명 웃음, 미소
동 웃다, 미소 짓다

□ **please** [플리이즈]
감 제발
동 기쁘게 하다

□ **pleasant** [플레즌트]
형 즐거운, 기분 좋은

□ **pleasure** [플레져]
명 기쁨, 즐거움, 기쁜 일

□ **my pleasure** [마이 플레져]
도움이 되어 저도 기쁩니다

DAY 034

관심

- [ ] **like** [라이크]
  - 동 좋아하다
  - 명 좋아하는 것
  - 전 ~과 같은

- [ ] **likely** [라이클리]
  - 형 ~할 것 같은, 그럴듯한

- [ ] **love** [러브]
  - 동 많이 좋아하다
  - 명 사랑

- [ ] **hate** [헤이트]
  - 동 매우 싫어하다
  - 명 아주 싫은 것

- [ ] **hug** [허그]
  - 동 껴안다
  - 명 껴안기

☐ **favorite** [페이버륏]
형 매우 좋아하는
명 매우 좋아하는 것[사람]

☐ **dear** [디어]
형 사랑하는, 소중한

☐ **interest** [인트뤄스트/인트뤠스트]
명 관심, 흥미, 이자, 이해관계
동 ~의 관심을 끌다

☐ **interesting** [인트뤄스팅/인트뤠스팅]
형 재미있는, 흥미로운

☐ **interested** [인트뤄스티드/인트뤠스티드]
형 관심 있는, 이해관계가 있는

DAY 035

바람

□ **believe** [빌리이브]
- 동 믿다, 생각하다

□ **dream** [드뤼임]
- 명 꿈
- 동 꿈을 꾸다

□ **hope** [호웁]
- 동 바라다, 희망하다
- 명 희망

□ **need** [니이드]
- 동 필요로 하다
- 명 필요, 욕구

□ **want** [워언트]
- 동 원하다
- 명 원하는 것, 부족

☐ **wish** [위쉬]

동 바라다

명 바람, 소망, 소원

☐ **challenge** [챌린쥐]

명 도전, 이의 제기

동 도전하다, 이의를 제기하다

☐ **practice** [프랙티스]

명 연습, 실행, 관습

동 연습하다, 실행하다

☐ **repeat** [뤼피잇]

동 반복하다, 되풀이하다

명 반복

☐ **explore** [익스플로어]

동 탐험하다, 탐구하다

DAY 031~035

REVIEW TEST

다음 영어 단어의 우리말 뜻을 쓰세요.

1 afraid

2 scary

3 worried

4 surprise

5 upset

6 tired

7 boring

8 excited

9 enjoy

10 please

11 pleasant

12 pleasure

13 favorite

14 dear

15 interest

16 interesting

17 challenge

18 practice

19 repeat

20 explore

DAY 036

표현 ①

- ask [애스크] — 동 질문하다, 부탁하다

- question [퀘스쳔] — 명 질문, 의문, 문제 / 동 질문하다, 의심하다

- quiz [퀴즈] — 명 퀴즈, 시험 / 동 (많은) 질문을 하다

- issue [이슈우] — 명 쟁점, 문제 / 동 발표하다, 발행하다

- answer [앤써] — 명 대답, 해답 / 동 대답하다

☐ **express** [익스프뤠스]
동 나타내다, 표현하다
형 급행의

☐ **expression** [익스프뤠션]
명 표현, 표정

☐ **excuse** [명 익스큐우스] [동 익스큐우즈]
명 변명, 핑계
동 용서하다, 봐주다, 변명이 되어 주다

☐ **mark** [마알크]
동 표시하다
명 표시, 마크, 자국

☐ **clarify** [클래뤄파이]
동 명확하게 하다, 분명히 말하다

DAY 037

표현 ②

☐ **thank**
[땡크]
동 감사하다

☐ **no thanks**
[노우 땡스]
괜찮아요

☐ **of course**
[어브 코올스]
물론이죠

☐ **cheer**
[취얼]
명 환호
동 환호하다, 응원하다

☐ **cheer up**
[취얼 업]
동 기운을 내다, ~를 격려하다

☐ **high five** 명 하이 파이브
[하이 파이브]

☐ **congratulate** 동 축하하다, 기뻐하다
[컨그래츌레이트]

☐ **congratulations** 감 축하합니다
[컨그래츌레이션즈]

☐ **problem** 명 문제
[프롸아블럼]

☐ **no problem** 괜찮아요
[노우 프롸아블럼]

DAY 038

소통

☐ **say** [쎄이]
동 말하다, 표현하다
명 발언권, 결정권

☐ **speak** [스피익]
동 이야기하다, 말하다

☐ **tell** [텔]
동 말하다, 알려주다, 알다, 구별하다

☐ **talk** [토오크]
동 말하다, 대화하다
명 이야기, 대화

☐ **chat** [췟]
동 이야기를 나누다, 수다를 떨다, 채팅하다
명 대화, 수다

☐ **dialog(ue)** [다이얼로오그]
명 대화

☐ **discuss** [디스커스]
동 상의하다, 의논하다, 논의하다

☐ **interact** [인털액트]
동 소통하다, 상호 작용을 하다

☐ **lie** [라이]
동 거짓말하다
명 거짓말

☐ **story** [스토오뤼]
명 이야기, 줄거리

DAY 039

생각 ①

□ **idea** [아이디이어]
명 발상, 생각

□ **notion** [노우션]
명 개념, 관념, 생각

□ **plan** [플랜]
동 계획하다
명 계획

□ **project** [명 프롸어쉑트] [동 프뤄어쉑트]
명 계획, 프로젝트
동 계획하다, 예상하다, 비추다

□ **think** [띵크]
동 (~라고) 생각하다, ~일 것 같다

□ **know** [노우]

동 알다, 알게 되다

□ **understand** [언덜스탠드]

동 이해하다

□ **guess** [게스]

동 추측하다, ~일 것 같다

명 추측

□ **review** [뤼뷰우]

명 검토, 비평, 복습

동 검토하다, 복습하다, 비평하다

□ **self** [쎌프]

명 모습, 자아, 자신

DAY 040

생각 ②

- [ ] **check** [췌크]
  동 확인하다, 살피다
  명 확인, 계산서

- [ ] **check out** [췌크 아웃]
  동 확인하다, (도서관에서) 대출받다

- [ ] **choose** [츄우즈]
  동 선택하다, 고르다, 결정하다

- [ ] **decide** [디싸이드]
  동 결정하다

- [ ] **decision** [디씨젼]
  명 결정, 판단, 결단력

☐ **agree** [어그뤼이] — 동 동의하다, 합의가 되다

☐ **disagree** [디스어그뤼이] — 동 동의하지 않다, 일치하지 않다

☐ **memory** [메머뤼] — 명 기억, 추억

☐ **remember** [뤼멤버] — 동 기억하다, 명심하다

☐ **forget** [펄겟] — 동 잊다

DAY 036~040

REVIEW TEST

다음 영어 단어의 우리말 뜻을 쓰세요.

1 question

2 quiz

3 issue

4 answer

5 express

6 excuse

7 clarify

8 congratulate

9 chat

10 dialog(ue)

11 discuss

12 interact

13 notion

14 plan

15 project

16 guess

17 review

18 decide

19 decision

20 agree

DAY 041

학교 ①

☐ **school** 명 학교
[스쿠울] 동 교육하다

☐ **elementary** 형 초급의, 기본적인
[엘리멘트뤼]

☐ **elementary school** 명 초등학교
[엘리멘트뤼 스쿠울]

☐ **middle** 명 중앙, 가운데
[미들] 형 가운데의

☐ **middle school** 명 중학교
[미들 스쿠울]

☐ **college** [칼리쥐] — 명 대학(교)

☐ **class** [클래스] — 명 학급, 수업, 계층, 등급

☐ **classroom** [클래스루움] — 명 교실

☐ **lesson** [레슨] — 명 수업, 교훈

☐ **course** [코올스] — 명 강의, 과목, 과정, 흐름

DAY 042

학교 ②

- [ ] **learn** [러언] 동 배우다, 학습하다, 외우다
- [ ] **learning** [러얼닝] 명 학습, 학식
- [ ] **literacy** [리터뤄씨] 명 글을 읽고 쓸 줄 아는 능력
- [ ] **read** [뤼이드] 동 읽다
- [ ] **reading** [뤼이딩] 명 독서, 읽기, 읽을거리

☐ **study** [스터디]

명 공부, 학습, 연구, 서재

동 공부하다, 조사하다

☐ **student** [스투우든트]

명 학생

☐ **teach** [티이취]

동 가르치다

☐ **teacher** [티이춰]

명 교사, 선생님

☐ **graduation** [그래쥬에이션]

명 졸업(식)

DAY 043

학교 ③

☐ **subject**
[썹쥑트/썹줵트]
명 주제, 과목, 연구 대상, 주어
형 ~될 수 있는

☐ **English**
[잉글리쉬]
명 (과목) 영어, 영어
형 잉글랜드의, 영어의

☐ **history**
[히스트뤼]
명 (과목) 역사, 역사

☐ **math**
[매쓰]
명 수학, 계산
(=mathematics)

☐ **P.E.**
[피이이]
명 체육
(=Physical Education)

☐ **science** [싸이언스]
명 과학, 학문

☐ **textbook** [텍스트북]
명 교과서
형 교과서의, 교과서적인

☐ **workbook** [워얼크북]
명 연습 문제집

☐ **homework** [호움워얼크]
명 숙제, 과제

☐ **field trip** [피일드 트립]
명 현장 학습

DAY 044

문구 ①

☐ **pen**
[펜]

명 펜, (가축의) 우리
동 (글을) 쓰다, 가두다

☐ **pencil**
[펜슬]

명 연필
동 연필로 쓰다

☐ **pencil case**
[펜슬 케이스]

명 필통

☐ **eraser**
[이뤠이서]

명 지우개

☐ **erase**
[이뤠이스]

동 지우다, 없애다

□ **glue**
[글루우]

명 접착제

동 (접착제로) 붙이다

□ **glue stick**
[글루우 스틱]

명 딱풀

□ **tape**
[테입]

명 (소리·영상) 테이프,
(접착) 테이프

동 녹화하다, 테이프로 붙이다

□ **scissors**
[씨절즈]

명 가위

□ **ruler**
[루울러]

명 (측정하는) 자, 통치자

DAY 045

문구 ②

☐ **paper** [페이퍼]
명 종이, 신문, 과제물

☐ **book** [북]
명 책
동 예약하다

☐ **notebook** [노웃북]
명 노트, 공책, 노트북 컴퓨터

☐ **diary** [다이어뤼]
명 일기, 일기장

☐ **card** [카알드]
명 카드(명함·엽서·신분증 등 카드 모양의 모든 것)

☐ **file** [파일]	명 파일, 서류철 동 보관하다
☐ **album** [앨범]	명 (사진이나 음악) 앨범
☐ **print** [프륀트]	동 인쇄하다, 출판하다 명 인쇄물, 활자, 출판
☐ **program** [프로우그램]	명 프로그램
☐ **programmatic** [프로우그뤄매틱]	형 계획의, 계획에 따른

DAY 041~045

REVIEW TEST

다음 영어 단어의 우리말 뜻을 쓰세요.

1 class

2 classroom

3 lesson

4 course

5 literacy

6 study

7 teach

8 graduation

9 subject

10 history

11 math

12 homework

13 eraser

14 erase

15 scissors

16 ruler

17 diary

18 card

19 file

20 print

DAY 046

물건 ①

□ **box** [바악스]
명 상자, 네모 칸
동 상자에 넣다

□ **case** [케이스]
명 용기, 통, 경우, 사례

□ **basket** [배스킷]
명 바구니

□ **can** [캔]
명 깡통, 캔, 통조림

□ **pouch** [파우취]
명 파우치, 작은 주머니, (캥거루 같은 동물의) 새끼 주머니

☐ **vase** 명 꽃병
[베이스/베이즈]

☐ **carpet** 명 카펫, 양탄자
[카알핏]

☐ **curtain** 명 커튼
[커얼튼]

☐ **tissue** 명 화장지, (세포로 이뤄진) 조직
[티슈우]

☐ **towel** 명 수건
[타우얼]
동 수건으로 닦다

DAY 047

물건 ②

☐ **bell** [벨]

명 종, 초인종

☐ **brush** [브뤄쉬]

명 솔, 붓

동 솔질을 하다

☐ **toothbrush** [투우쓰브뤄쉬]

명 칫솔

☐ **stick** [스틱]

명 막대, 나뭇가지

동 찌르다, 붙이다

☐ **board** [보올드]

명 판자, 게시판

동 탑승하다

☐ **broom** [브루움]
명 빗자루

☐ **casual** [캐주얼]
형 평상시의, 우연한
명 평상복

☐ **plastic** [플래스틱]
명 플라스틱
형 플라스틱으로 된

☐ **gift** [기프트]
명 선물, 재능

☐ **thing** [띵]
명 것, 물건

DAY 048

물건 ③

- [ ] **umbrella** [엄브렐러] — 명 우산, 양산

- [ ] **wheelchair** [위일췌어] — 명 휠체어

- [ ] **key** [키이] — 명 열쇠, 비결, 건반 / 형 가장 중요한, 핵심적인

- [ ] **key ring** [키이 륑] — 명 열쇠고리

- [ ] **ring** [륑] — 명 고리, 반지, 원 / 동 둘러싸다, 울리다

☐ **hook** [훅]

명 갈고리

동 ~에 걸다

☐ **trash** [트래쉬]

명 쓰레기

☐ **button** [버튼]

명 단추

동 단추를 잠그다

☐ **map** [맵]

명 지도

동 지도를 그리다

DAY 049

생활 ①

☐ **breakfast** [브렉퍼스트]

명 아침 식사

☐ **lunch** [런취]

명 점심 식사

☐ **dinner** [디너]

명 저녁 식사

☐ **eat** [이잇]

동 먹다, 식사하다

☐ **feed** [피이드]

동 먹이다, 먹이를 주다

명 먹이

☐ **drink**
[드링크]

명 음료
동 마시다

☐ **wake**
[웨이크]

동 깨다, 깨우다

☐ **wake up**
[웨이크 업]

동 정신을 차리다,
잠에서 깨어나다

☐ **sleep**
[슬리입]

동 자다
명 잠

☐ **sleepy**
[슬리이피]

형 졸음이 오는

DAY 050

생활 ②

☐ **wash**
[와아쉬]
동 씻다
명 씻기, 빨래

☐ **bath**
[배쓰]
명 욕조
동 목욕시키다, 목욕하다

☐ **shower**
[샤우어]
명 샤워기, 샤워실
동 샤워를 하다

☐ **toilet**
[토일럿]
명 변기, 화장실

☐ **address**
[명 애드뤠스]
[동 어드뤠스]
명 주소, 연설
동 주소를 쓰다, 연설하다, (문제·상황을) 다루다

☐ **name** [네임]
명 이름
동 이름을 지어주다

☐ **habit** [해빗]
명 버릇, 습관

☐ **event** [이벤트]
명 사건, 행사, 경기

☐ **luck** [럭]
명 행운

☐ **condition** [컨디션]
명 상태, 환경, 조건

DAY 046~050

REVIEW TEST

다음 영어 단어의 우리말 뜻을 쓰세요.

1 vase

2 carpet

3 curtain

4 tissue

5 toothbrush

6 broom

7 casual

8 gift

9 umbrella

10 trash

11 map

12 breakfast

13 feed

14 drink

15 wake

16 sleepy

17 bath

18 shower

19 habit

20 condition

DAY 051 패션 ①

☐ **clothes** [클로우즈]
명 옷, 의복

☐ **dress** [드뤠스]
명 드레스
동 옷을 입다, 옷을 입히다

☐ **jacket** [쟤킷]
명 재킷

☐ **coat** [코우트]
명 외투, 코트
동 덮다, 입히다

☐ **shirt** [셔얼트]
명 셔츠

☐ **sweater** 명 스웨터
[스웨터]

☐ **vest** 명 조끼
[베스트]

☐ **pants** 명 바지
[팬츠]

☐ **jeans** 명 청바지
[쥐인즈]

☐ **skirt** 명 치마
[스커얼트]

DAY 052

패션 ②

☐ **hairpin** [헤얼핀]
명 머리핀

☐ **cap** [캡]
명 (앞 부분에 챙이 달린) 모자

☐ **hat** [햇]
명 (챙이 둥글게 둘러진) 모자

☐ **crown** [크롸운]
명 왕관
동 왕관을 씌우다

☐ **glasses** [글래시즈]
명 안경

- ☐ **sunglasses** [썬글래시즈] — 명 선글라스
- ☐ **mask** [매스크] — 명 마스크, 가면 / 동 가리다
- ☐ **scarf** [스카알프] — 명 스카프
- ☐ **ribbon** [뤼번] — 명 리본
- ☐ **glove** [글러브] — 명 장갑

DAY 053

패션 ③

☐ **bag**
[백]

명 가방, 봉투, 자루
동 봉지[가방]에 넣다

☐ **eco-bag**
[이이코우백]

명 에코백

☐ **backpack**
[백팩]

명 배낭
동 배낭여행을 하다

☐ **belt**
[벨트]

명 벨트, 허리띠

☐ **pocket**
[파아킷]

명 (호)주머니
동 (호)주머니에 넣다

☐ **sock** 명 양말 (한 짝)
[싸악]

☐ **shoe** 명 신발 (한 짝)
[슈우]

☐ **boot** 명 부츠 (한 짝)
[부우트] 동 세게 치다, (컴퓨터를) 부팅하다

☐ **pajamas** 명 파자마, 잠옷
[퍼쟈아머즈/퍼재머즈]

☐ **fashion** 명 유행, 인기, 의류업
[패션] 동 만들다, 빚다

DAY 054

주방용품

- [ ] **cup** [컵] — 명 컵, 잔

- [ ] **glass** [글래스] — 명 유리, 잔

- [ ] **bottle** [바아틀] — 명 병

- [ ] **bowl** [보울] — 명 그릇

- [ ] **pot** [파앗] — 명 냄비, 솥

☐ **dish** [디쉬]	명 접시, 그릇, 요리
☐ **plate** [플레이트]	명 접시, 그릇
☐ **fork** [포올크]	명 포크 동 갈라지다, 나뉘다
☐ **knife** [나이프]	명 칼
☐ **spoon** [스푸운]	명 숟가락, 스푼

DAY 055

가구

- ☐ **bed** [베드] — 명 침대
- ☐ **bench** [벤취] — 명 벤치
- ☐ **chair** [췌어] — 명 의자
- ☐ **sofa** [소우퍼] — 명 소파
- ☐ **desk** [데스크] — 명 책상

□ **table** 명 식탁, 탁자, 상
[테이블]

□ **drawer** 명 서랍
[드로어]

□ **locker** 명 로커, 사물함
[라아커]

□ **lamp** 명 램프, 등
[램프]

□ **mirror** 명 거울
[미뤄]

DAY 051~055

REVIEW TEST

다음 영어 단어의 우리말 뜻을 쓰세요.

1 clothes

2 coat

3 jeans

4 skirt

5 crown

6 glasses

7 mask

8 glove

9 pocket

10 sock

11 shoe

12 fashion

13 glass

14 bottle

15 bowl

16 pot

17 plate

18 chair

19 drawer

20 mirror

DAY 056

공간

☐ **space** [스페이스]	명 공간, 장소, 우주
☐ **home** [호움]	명 집, 가정 형 집의, 가정의
☐ **house** [명 하우스] [동 하우즈]	명 집, 식구들 동 살 곳을 주다, 수용하다
☐ **room** [루움/룸]	명 방, 공간, 여지 동 (방을) 같이 쓰다
☐ **bedroom** [베드루움/베드룸]	명 침실

☐ **bathroom** [배쓰루움] 명 욕실, 화장실

☐ **restroom** [뤠스트루움] 명 (공공장소의) 화장실

☐ **living room** [리빙 루움] 명 거실

☐ **kitchen** [키췬] 명 부엌, 주방

☐ **hall** [호올] 명 현관, 복도, 홀

DAY 057

기관

□ **bank**
[뱅크]

명 은행
동 통장에 돈을 넣다

□ **city hall**
[씨티 호올]

명 시청

□ **community center**
[커뮤우너티 쎈터]

명 지역 문화 센터

□ **community**
[커뮤우너티]

명 주민, 지역 사회, 공동체

□ **court**
[코올트]

명 법정, 법원, (테니스) 코트

- [ ] **hospital** 명 병원
  [하아스피틀]

- [ ] **police station** 명 경찰서
  [펄리이스 스테이션]

- [ ] **post office** 명 우체국
  [포우스트 아아피스]

- [ ] **office** 명 사무소, 사무실
  [아아피스]

- [ ] **official** 형 공식적인, 공무상의
  [어피셜] 명 공무원

DAY 058

상점

☐ **store** [스토어]
명 가게, 상점
동 저장하다

☐ **bookstore** [북스토어]
명 서점

☐ **department store** [디파알트먼트 스토어]
명 백화점

☐ **department** [디파알트먼트]
명 부서, 학과

☐ **market** [마알킷]
명 시장
동 (상품을) 내놓다

☐ **mart** [마알트] — 명 매매 시장

☐ **shop** [샤압] — 명 가게 / 동 쇼핑을 하다

☐ **shopping** [샤아핑] — 명 쇼핑

☐ **restaurant** [뤠스터롸안트] — 명 레스토랑, 음식점

☐ **bakery** [베이커뤼] — 명 빵집, 제과점

DAY 059

시설 ①

□ **port** [포올트]
명 항구

□ **airport** [에얼포올트]
명 공항

□ **station** [스테이션]
명 역, 정거장
동 배치하다

□ **bus stop** [버스 스타압]
명 버스 정류장

□ **bridge** [브륏쥐]
명 다리, 가교
동 다리를 놓다

☐ **crosswalk** [명] 횡단보도
[크로오스워크]

☐ **stair** [명] 계단
[스테어]

☐ **gate** [명] 문, 출입구
[게이트]

☐ **door** [명] 문
[도오어]

☐ **window** [명] 창문, 창
[윈도우]

DAY 060

시설 ②

☐ **tower** [타우워]
명 탑, 송신탑

☐ **library** [라이브레뤼]
명 도서관, 서재

☐ **museum** [뮤지이엄]
명 박물관, 미술관

☐ **zoo** [주우]
명 동물원

☐ **park** [파알크]
명 공원
동 주차하다

- [ ] **garden** [가알든]
  명 정원
  동 정원을 손질하다

- [ ] **yard** [야알드]
  명 마당, 뜰, 정원

- [ ] **pool** [푸울]
  명 수영장, 웅덩이

- [ ] **church** [쳐얼취]
  명 교회

- [ ] **apartment** [어파알트먼트]
  명 아파트

DAY 056~060

REVIEW TEST

다음 영어 단어의 우리말 뜻을 쓰세요.

1 space

2 room

3 kitchen

4 hall

5 community

6 court

7 hospital

8 office

9 store

10 department

11 market

12 shop

13 port

14 station

15 bridge

16 crosswalk

17 library

18 museum

19 yard

20 pool

DAY 061

교통 ①

☐ **drive** [드라이브]
동 운전하다, 태워다 주다
명 자동차 주행

☐ **bicycle** [바이씨클]
명 자전거

☐ **bike** [바이크]
명 자전거, 오토바이

☐ **car** [카아]
명 (자동)차

☐ **van** [밴]
명 승합차

□ **truck** 명 트럭, 화물차
[트럭]

□ **taxi** 명 택시
[택시]

□ **bus** 명 버스
[버스]

□ **seat belt** 명 안전띠
[씨잇 벨트]

□ **tire** 명 타이어
[타이어]

교통 ②

- [ ] **plane** [플레인] — 명 비행기 / 형 평평한
- [ ] **airplane** [에어플레인] — 명 비행기
- [ ] **helicopter** [헬리카압터] — 명 헬리콥터
- [ ] **boat** [보우트] — 명 배, 보트
- [ ] **ship** [쉽] — 명 (큰) 배, 선박 / 동 운송하다

□ **train** [트웨인]	명 기차, 무리 동 교육하다, 훈련시키다
□ **subway** [썹웨이]	명 지하철
□ **ticket** [티킷]	명 표, 입장권, 교통 법규 위반 딱지
□ **helmet** [헬밋]	명 헬멧
□ **safe** [세이프]	형 안전한 명 금고

DAY 063 기계 ①

- [ ] **digital** [디쥐틀] — 형 디지털의
- [ ] **computer** [컴퓨우터] — 명 컴퓨터
- [ ] **compute** [컴퓨우트] — 동 계산하다, 산출하다
- [ ] **software** [소오프트웨얼] — 명 소프트웨어
- [ ] **television** [텔리비즌] — 명 텔레비전(=TV)

- [ ] **screen** [스크뤼인] — 명 화면, 스크린, 가리개 / 동 차단하다
- [ ] **phone** [포운] — 명 전화(기)
- [ ] **telephone** [텔리포운] — 명 전화(기)
- [ ] **cell phone** [쎌 포운] — 명 휴대 전화
- [ ] **smartphone** [스마알트포운] — 명 스마트폰

DAY 064

기계 ②

☐ **camera** [캐머뤄]
명 카메라

☐ **video** [비디오우]
명 비디오
동 녹화하다

☐ **radio** [뤠이디오우]
명 라디오
동 무전을 보내다

☐ **drone** [드로운]
명 무인 항공기, 웅웅거리는 소리
동 웅웅거리는 소리를 내다

☐ **robot** [로우바앗]
명 로봇, 자동 기계 장치

☐ **rocket**
[롸아킷]

명 로켓
동 치솟다

☐ **fan**
[팬]

명 팬, 선풍기
동 부채질을 하다

☐ **stove**
[스토우브]

명 스토브, (요리용) 화로, 난로

☐ **laser**
[레이저]

명 레이저

☐ **elevator**
[엘리베이터]

명 엘리베이터, 승강기

DAY 065

통신

☐ **Internet** [인털넷]

명 인터넷

☐ **net** [넷]

명 그물, 망, 골대

☐ **online** [아안라인/오온라인]

형 온라인의
부 온라인으로

☐ **E-mail** [이이메일]

명 전자 우편
동 (~에게) 전자 우편을 보내다

☐ **website** [웹싸이트]

명 웹사이트

☐ **SNS**

명 소셜 네트워킹 서비스 (=Social Networking Service)

☐ **blog**
[블라아그]

명 블로그
동 블로그를 기록하다

☐ **code**
[코우드]

명 암호, 부호
동 부호로 처리하다

☐ **coding**
[코우딩]

명 부호화, 코딩

DAY 061~065

REVIEW TEST

다음 영어 단어의 우리말 뜻을 쓰세요.

1 drive

2 bicycle

3 seat belt

4 subway

5 ticket

6 helmet

7 safe

8 digital

9 screen

10 video

11 radio

12 drone

13 rocket

14 fan

15 stove

16 laser

17 elevator

18 Internet

19 net

20 online

DAY 066

예체능 ①

☐ **sport** [스포올트]
명 스포츠, 운동 (경기)

☐ **ball** [보올]
명 공

☐ **baseball** [베이스보올]
명 야구

☐ **basketball** [배스킷보올]
명 농구

☐ **dodgeball** [다앗쥐보올]
명 피구

☐ **football** 명 축구
[풋보올]

☐ **balloon** 명 풍선, 열기구 풍선
[벌루운]

☐ **soccer** 명 축구
[싸아커]

☐ **tennis** 명 테니스
[테니스]

☐ **badminton** 명 배드민턴
[배드민턴]

DAY 067

예체능 ②

☐ **bat** [뱃]
- 명 방망이, 박쥐
- 동 공을 치다

☐ **exercise** [엑썰싸이즈]
- 명 운동, 연습 문제, 활동
- 동 운동하다, 행사하다

☐ **run** [런]
- 동 달리다, 운영하다
- 명 달리기

☐ **hike** [하이크]
- 동 하이킹을 하다
- 명 하이킹, 도보 여행

☐ **hiking** [하이킹]
- 명 하이킹, 도보 여행

☐ **marathon** [매뤄딴]
명 마라톤

☐ **jump rope** [점프 로우프]
명 줄넘기
동 줄넘기를 하다

☐ **swim** [스윔]
명 수영
동 수영을 하다

☐ **taekwondo** [타이콰안도우]
명 태권도

DAY 068

예체능 ③

□ **yoga** [요우거]
명 요가

□ **skate** [스케이트]
동 스케이트를 타다, 스케이트보드를 타다
명 스케이트화

□ **skateboard** [스케잇보올드]
명 스케이트보드

□ **in-line skate** [인라인 스케이트]
동 인라인스케이트를 타다
명 인라인스케이트화

□ **ice skate** [아이쓰 스케이트]
동 아이스 스케이트를 타다
명 아이스 스케이트화

☐ **ski** [스키이]
동 스키를 타다
명 스키

☐ **drum** [드럼]
명 북, 드럼
동 드럼을 치다

☐ **guitar** [기타아]
명 기타

☐ **piano** [피애노우]
명 피아노

☐ **violin** [바이얼린]
명 바이올린

DAY 069 휴식 ①

☐ **free** [프뤼이]
형 자유로운, 무료의, ~이 없는, 한가한
동 풀어 주다

☐ **liberty** [리벌티]
명 자유

☐ **holiday** [하알러데이]
명 휴가, 방학, 휴일

☐ **vacation** [버케이션/베이케이션]
명 방학

☐ **rest** [뤠스트]
동 쉬다, 받치다
명 휴식, 나머지

☐ **picnic** [피크닉]

명 소풍

동 소풍 가다

☐ **trip** [트립]

명 여행, 이동

동 발을 헛디디다

☐ **tour** [투어]

명 여행, 관광

동 관광하다

☐ **travel** [트래블]

동 여행하다, 이동하다

명 여행, 이동

☐ **traveler** [트래벌러]

명 여행자

DAY 070

휴식 ②

- [ ] **camp** [캠프]
  명 야영지, 캠프장
  동 캠핑을 하다

- [ ] **campfire** [캠프파이어]
  명 캠프파이어, 모닥불

- [ ] **camping** [캠핑]
  명 캠핑, 야영

- [ ] **tent** [텐트]
  명 텐트, 천막

- [ ] **carnival** [카아니블]
  명 카니발, 축제

☐ **concert** 명 콘서트, 연주회
[카안썰트]

☐ **festival** 명 축제
[페스티블]

☐ **party** 명 파티, 정당
[파알티] 동 파티를 하다

☐ **theater** 명 공연장, 극장, 연극
[띠이어터]

DAY 066~070

REVIEW TEST

다음 영어 단어의 우리말 뜻을 쓰세요.

1 sport

2 bat

3 exercise

4 run

5 hike

6 yoga

7 skate

8 ski

9 free

10 liberty

11 holiday

12 vacation

13 rest

14 trip

15 tour

16 travel

17 traveler

18 concert

19 festival

20 theater

DAY 071

취미 ①

□ **art** [아알트]	명 미술, 예술, 미술품
□ **culture** [컬춰]	명 문화 동 배양하다
□ **traditional** [트뤄디셔늘]	형 전통의, 전통적인
□ **film** [필름]	명 영화, 필름 동 촬영하다
□ **movie** [무우비]	명 영화

☐ **opera** [아아프뤄]
명 오페라

☐ **animation** [애니메이션]
명 만화 영화, 생기

☐ **comic** [카아믹]
형 웃기는, 코미디의, 희극의
명 만화책

☐ **comic book** [카아믹 북]
명 만화책

☐ **comedy** [카아머디]
명 코미디, 희극

DAY 072

취미 ②

☐ **sing** [씽]	동 노래하다
☐ **song** [쏘옹]	명 노래
☐ **music** [뮤우직]	명 음악
☐ **musical** [뮤우지클]	형 음악의, 음악적인 명 뮤지컬
☐ **pop** [파압]	명 팝 (뮤직), 펑 (하고 터지는 소리) 형 팝 뮤직의, 대중적인 동 펑 하는 소리가 나다, 불쑥 나타나다

- [ ] **rap** [랩]
  - 명 (음악) 랩
  - 동 랩을 하다

- [ ] **dance** [댄스]
  - 명 춤
  - 동 춤을 추다

- [ ] **play** [플레이]
  - 동 놀다, (악기를) 연주하다, (경기를) 하다, 연기하다
  - 명 놀이, 연극

- [ ] **game** [게임]
  - 명 게임, 경기, 놀이

- [ ] **board game** [보올드 게임]
  - 명 보드게임

DAY 073

취미 ③

- ☐ **recreation** [뤠크뤼에이션] — 명 레크리에이션, 오락
- ☐ **kite** [카이트] — 명 연
- ☐ **hobby** [하아비] — 명 취미
- ☐ **photo** [포우토우] — 명 사진(=photograph)
- ☐ **picture** [픽춰] — 명 그림, 사진 / 동 상상하다, 묘사하다

☐ **image** [이미쥐]
명 이미지, 인상, 영상, 그림

☐ **magic** [매쥑]
명 마법, 마술
형 마법의

☐ **toy** [토이]
명 장난감

☐ **doll** [다알]
명 인형

☐ **statue** [스태츄우]
명 조각상

DAY 074

색 ①

☐ **color** [컬러]
명 색
동 색칠하다

☐ **colorful** [컬럴플]
형 다채로운

☐ **red** [뤠드]
형 빨간
명 빨간색

☐ **pink** [핑크]
형 분홍색의
명 분홍색

☐ **orange** [오오륀쥐]
형 오렌지색의, 주황색의
명 오렌지, 오렌지색, 주황색

☐ **yellow** [옐로우]
형 노란
명 노란색

☐ **green** [그뤼인]
형 초록색의
명 초록색

☐ **blue** [블루우]
형 파란, 푸른
명 파란색

☐ **purple** [퍼얼플]
형 자주색의
명 자주색, 보라색

☐ **brown** [브롸운]
형 갈색의
명 갈색

DAY 075

색 ②

☐ **gray(grey)** [그뤠이]

형 회색의, 흐린

명 회색

동 백발이 되게 하다

☐ **dark** [다알크]

형 어두운, 짙은

명 어둠

☐ **black** [블랙]

형 검은, 어두운

명 검은색

☐ **white** [와이트]

형 흰, 흰색의

명 흰색

☐ **ink** [잉크]

명 잉크

동 잉크를 바르다

□ **crayon** [크뤠이언]	명 크레용
□ **paint** [페인트]	명 페인트, 그림물감 동 그리다, 페인트를 칠하다
□ **painting** [페인팅]	명 그림, 그림 그리기, 페인트칠하기
□ **draw** [드로오]	동 그리다, 끌어당기다, 얻다 명 추첨, 무승부
□ **drawing** [드로오잉]	명 그림

DAY 071~075

REVIEW TEST

다음 영어 단어의 우리말 뜻을 쓰세요.

1 art

2 culture

3 traditional

4 film

5 sing

6 song

7 music

8 musical

9 hobby

10 picture

11 image

12 statue

13 color

14 colorful

15 purple

16 brown

17 gray(grey)

18 dark

19 paint

20 draw

직업 ①

- [ ] **artist** [아알티스트] 명 예술가

- [ ] **designer** [디자이너] 명 디자이너

- [ ] **musician** [뮤지션] 명 음악가

- [ ] **drummer** [드뤄머] 명 드럼 연주자

- [ ] **guitarist** [기타알뤼스트] 명 기타 연주자

☐ **pianist** 명 피아니스트
[피어니스트]

☐ **singer** 명 가수
[씽어]

☐ **dancer** 명 댄서
[댄써]

☐ **painter** 명 화가
[페인터]

☐ **photographer** 명 사진작가
[퍼타아그뤄퍼]

DAY 077

직업 ②

☐ **announcer** [어나운써]

명 아나운서

☐ **reporter** [뤼포올터]

명 리포터, 기자

☐ **comedian** [커미디언]

명 코미디언

☐ **director** [더렉터/다이렉터 디렉터]

명 감독, 관리자

☐ **actress** [액트뤄스]

명 여배우

☐ **writer** 명 작가
[롸이터]

☐ **baker** 명 제빵사
[베이커]

☐ **chef** 명 요리사, 주방장
[쉐프]

☐ **gardener** 명 정원사
[가알드너]

☐ **zookeeper** 명 사육사, 동물원 관리인
[주우키이퍼]

DAY 078

직업 ③

☐ **dentist** [덴티스트] — 명 치과 의사

☐ **doctor** [다악터] — 명 의사

☐ **nurse** [너얼쓰] — 명 간호사

☐ **scientist** [싸이언티스트] — 명 과학자

☐ **pilot** [파일럿] — 명 파일럿, 조종사

☐ **astronaut** 명 우주 비행사
[애스트뤄노옷]

☐ **police** 명 경찰(=police officer)
[펄리이스]

☐ **firefighter** 명 소방관
[파이얼파이터]

☐ **engineer** 명 엔지니어, 기술자
[엔쥐니어]

☐ **explorer** 명 탐험가
[익스플로올뤄]

DAY 079

일 ①

- job [좌압] — 명 일, 직장
- business [비즈너스/비즈니스] — 명 사업, 상업, 일
- company [컴퍼니] — 명 회사, 단체, 동반
- factory [팩트뤼/팩터뤼] — 명 공장
- mission [미션] — 명 임무, 사절단, 전도

☐ **buy** [바이]

동 사다

명 물건, 구입

☐ **sell** [쎌]

동 팔다, 팔리다, 납득시키다

☐ **sale** [쎄일]

명 판매, 매출, 영업, 매매, 할인 판매

☐ **service** [써얼비스]

명 서비스, 근무, 병역

동 (서비스를) 제공하다

☐ **goods** [굿즈]

명 상품, 제품

일 ②

☐ **staff** [스태프]
명 직원

☐ **customer** [커스터머]
명 손님, 고객

☐ **menu** [메뉴우]
명 (식당의) 메뉴

☐ **farming** [파알밍]
명 농사, 농업

☐ **farm** [파암]
명 농장, 사육장
동 농사를 짓다, 기르다

- [ ] **farmer** [파알머]
  명 농부

- [ ] **scarecrow** [스케얼크로우]
  명 허수아비

- [ ] **fishing** [피슁]
  명 낚시, 어업

- [ ] **fish** [피쉬]
  명 물고기, 어류
  동 낚시하다

- [ ] **fisher** [피셔]
  명 어부

DAY 076~080

REVIEW TEST

다음 영어 단어의 우리말 뜻을 쓰세요.

1 artist

2 designer

3 painter

4 photographer

5 announcer

6 reporter

7 director

8 actress

9 dentist

10 pilot

11 astronaut

12 explorer

13 business

14 mission

15 sale

16 goods

17 staff

18 customer

19 farm

20 farmer

DAY 081

상태와 변화

☐ **be**
[비]
동 ~이다, ~이 있다

☐ **become**
[비컴]
동 ~이 되다, ~(해)지다, 어울리다

☐ **get**
[겟]
동 ~하게 되다, 받다, 얻다

☐ **lie**
[라이]
동 눕다, 놓여 있다, 있다, 거짓말하다

☐ **turn**
[터언]
동 ~(해)지다, 돌다, 돌리다
명 회전

☐ **turn off** [터언 오오프/ 터언 아아프]	동 끄다
☐ **return** [뤼터언]	동 돌아오다, 돌려주다 명 반납
☐ **change** [췌인쥐]	동 변하다, 변화시키다, 바꾸다 명 변화, 거스름돈
☐ **melt** [멜트]	동 녹다, 녹이다

DAY 082

나이

□ **age** [에이쥐]

명 나이, 시기

동 나이가 들다

□ **old** [오울드]

형 나이가 ~인, 늙은, 오래된

□ **young** [영]

형 어린, 젊은

□ **grow** [그로우]

동 자라다, 키우다, ~(해)지다

□ **baby** [베이비]

명 아기, 새끼

☐ **child**
[촤일드]

명 아이, 어린이, 자식
(복수형은 children)

☐ **kid**
[키드]

명 아이, 청소년
동 농담하다

☐ **adult**
[어덜트/애덜트]

명 성인, 어른
형 성인의, 다 자란

DAY 083

건강

- ☐ **health** [헬쓰] — 명 건강, 의료
- ☐ **healthy** [헬씨] — 형 건강한, 건강에 좋은
- ☐ **well** [웰] — 형 건강한, 좋은 / 부 잘, 좋게
- ☐ **sick** [씩] — 형 아픈, 메스꺼운, 지긋지긋한
- ☐ **fever** [피이버] — 명 열, 초조

☐ **headache** 명 두통

[헤데이크]

☐ **runny nose** 콧물

[뤄니 노우즈]

☐ **stomachache** 명 복통, 배앓이

[스터머케이크]

☐ **toothache** 명 치통, 이앓이

[투우쓰에이크]

☐ **medicine** 명 의학, 의료, 약

[메드슨/메디슨]

DAY 084 도움

☐ **guard**
[가알드]
명 경비, 경호, 경비원, 경호원
동 지키다

☐ **keep**
[키입]
동 유지하다, 계속하다, 보관하다, 보호하다

☐ **recycle**
[뤼이싸이클]
동 재활용하다

☐ **upcycle**
[업싸이클]
동 더 나은 것으로 만들다

☐ **save**
[쎄이브]
동 저장하다, 절약하다, 구하다
명 (운동 경기에서) 득점 차단

☐ **help** [헬프]

동 돕다

명 도움, 지원

☐ **help yourself** [헬프 유얼쎌프]

마음껏 드세요

☐ **guide** [가이드]

명 안내, 지침, 인도자

동 안내하다, 인도하다

☐ **tip** [팁]

명 조언, 끝부분, 봉사료

동 기울어지다

DAY 085

파괴와 분실

☐ **break** [브뤠이크]	동 깨뜨리다, 고장 나다 명 휴식, 쉬는 시간
☐ **break into** [브뤠이크 인투]	동 ~에 침입하다
☐ **hunt** [헌트]	동 사냥하다 명 사냥, 수색
☐ **war** [워어]	명 전쟁
☐ **burn** [버언]	동 불에 타다, 태우다 명 화상

□ **lose** [루우즈]	동 잃다, 잃어버리다, (시합에서) 지다
□ **lost** [로오스트]	형 길을 잃은, 잃어버린
□ **lost and found** [로오스트 앤 파운드]	명 분실물 보관소
□ **miss** [미스]	동 놓치다, 그리워하다 명 실수, 오류
□ **missing** [미씽]	형 없어진, 행방불명된, 누락된

DAY 081~085

REVIEW TEST

다음 영어 단어의 우리말 뜻을 쓰세요.

1 lie

2 return

3 change

4 melt

5 age

6 grow

7 child

8 adult

9 health

10 healthy

11 fever

12 medicine

13 guard

14 recycle

15 save

16 guide

17 break

18 war

19 lose

20 miss

DAY 086

이동 ①

☐ **go** [고우]
동 가다, 되어 가다

☐ **go ahead** [고우 어헤드]
동 앞서가다, 진행되다

☐ **go away** [고우 어웨이]
동 (떠나)가다, 없어지다

☐ **walk** [워어크]
동 걷다, 산책하다
명 걷기, 산책

☐ **take** [테이크]
동 가지고 가다, 데리고 가다, 잡다, 받아들이다, 먹다, 마시다

□ **mistake** [미스테이크]	명 실수 동 오해하다, 착각하다
□ **take care of** [테이크 케얼 어브]	동 ~을 돌보다, ~을 책임지다
□ **care** [케어]	명 돌봄, 보살핌, 조심, 걱정 동 배려하다, 관심을 가지다
□ **pass** [패스]	동 지나가다, 건네주다, 합격하다, 통과하다 명 통과, 출입증, 탑승권
□ **pass by** [패스 바이]	동 ~을 지나치다, 옆을 지나가다

DAY 087

이동 ②

☐ **step** [스텝]
명 걸음, 움직임, 단계
동 움직이다

☐ **enter** [엔터]
동 들어가다, 들어오다, 기입하다, 입학하다

☐ **cross** [크로오스]
동 건너다, 교차하다
명 X표, 십자, 십자가

☐ **move** [무우브]
동 움직이다, 나아가다, 옮기다, 이사하다
명 이동, 움직임, 이사

☐ **displace** [디스플레이스]
동 대신하다, 옮겨 놓다, 쫓아내다

□ **progress** [명 프롸아그뤠스] [동 프뤄그뤠스]	명 진전 동 진행하다, 나아가다
□ **follow** [파알로우]	동 따라가다, 따르다, 뒤를 잇다
□ **zoom** [주움]	동 쌩 하고 가다 명 쌩 하고 지나가는 소리, 영상의 급격한 확대[축소] (줌)
□ **fly** [플라이]	동 날다, 비행하다 명 파리
□ **ride** [롸이드]	동 타다 명 타기, 놀이기구

DAY 088 이동 ③

□ **visit**
[비짓]
동 방문하다
명 방문

□ **stop**
[스타압]
동 멈추다, 그만하다, 막다
명 멈춤, 중지, 정류장

□ **stand**
[스탠드]
동 서다, (높이·값·정도가) ~이다, 참다
명 태도, 저항, 가판대

□ **stand up**
[스탠드 업]
동 일어서다, 서 있다

□ **stay**
[스테이]
동 머무르다, 계속 있다
명 머무름

□ **stay up** [스테이 업]
동 깨어 있다

□ **wait** [웨이트]
동 기다리다
명 기다리기

□ **sit** [씻]
동 앉다

□ **sit down** [씻 다운]
동 (서 있던 자세에서) 자리에 앉다

□ **fix** [픽스]
동 고정시키다, 수리하다
명 해결(책)

DAY 089 시작

□ **start** [스타알트]	동 시작하다 명 시작
□ **begin** [비긴]	동 시작하다, 시작되다
□ **come** [컴]	동 오다, 닿다
□ **come on** [컴 아안/컴 오온]	동 등장하다, 나오다, (명령문) 서둘러
□ **come in** [컴 인]	동 들어오다, 밀려오다, 유행하다

□ **come out** [컴 아웃]	동 나오다, (꽃이) 피다, 출간되다, 드러나다
□ **welcome** [웰컴]	동 환영하다 형 반가운, 환영받는 명 환영 감 환영합니다, 어서오세요
□ **arrive** [어라이브]	동 도착하다, 도래하다
□ **finish** [피니쉬]	동 끝내다, 끝나다 명 마지막, 끝
□ **end** [엔드]	명 끝 동 끝나다, 끝내다

DAY 090 탄생

☐ **birth** [버얼쓰] — 명 탄생, 출현

☐ **birthday** [버얼쓰데이] — 명 생일

☐ **live** [동 리브] [형 부 라이브] — 동 살다, 거주하다 / 형 살아 있는, 생방송의 / 부 생방송으로

☐ **life** [라이프] — 명 삶, 살아 있음, 생명

☐ **die** [다이] — 동 죽다, 사라지다

□ **dead** 형 죽은, 작동을 안 하는
[데드]

□ **death** 명 죽음
[데쓰]

□ **kill** 동 죽이다
[킬] 명 죽이기

DAY 086~090

REVIEW TEST

다음 영어 단어의 우리말 뜻을 쓰세요.

1 mistake

2 take care of

3 care

4 pass

5 step

6 enter

7 displace

8 progress

9 ride

10 visit

11 stay

12 fix

13 begin

14 arrive

15 finish

16 end

17 birth

18 dead

19 dead

20 death

DAY 091

만들다

□ **make** [메이크]	동 만들다, (~을 …하게) 만들다
□ **build** [빌드]	동 짓다, 건설하다, 만들어 내다
□ **building** [빌딩]	명 건물, 건축
□ **set** [셋]	동 놓다, 세우다, 설정하다 명 세트
□ **set up** [셋 업]	동 설립하다, 함정에 빠뜨리다

☐ **invent** [인벤트]

동 발명하다

☐ **introduce** [인트뤄두우스]

동 소개하다, 들여오다, 도입하다

☐ **invite** [인바이트]

동 초대하다

명 초대

☐ **sample** [쌤플]

명 표본, 샘플

동 맛보다, 시식하다

☐ **example** [이그잼플]

명 예, 사례, 본보기

DAY 092

상승

□ **climb** [클라임]	동 오르다, 올라가다, 등산을 하다 명 등산
□ **jump** [점프]	동 뛰다, 급증하다 명 뜀질, 급증
□ **jump up** [점프 업]	동 뛰어오르다, 급증하다, 참가하다
□ **hop** [하압]	동 깡충깡충 뛰다 명 깡충 뛰기
□ **drop** [드롸압]	동 떨어지다, 떨어뜨리다 명 방울, 하락

☐ **dive** [다이브]

동 뛰어들다, 잠수하다, 급락하다

명 다이빙, 잠수

☐ **cut** [컷]

동 베다, 자르다, 줄이다

명 상처, 삭감

☐ **sink** [씽크]

동 가라앉다, 침몰시키다

명 싱크대

☐ **slide** [슬라이드]

동 미끄러지다, 미끄러지듯 움직이다, 떨어지다

명 미끄럼틀, 미끄러짐, 하락

☐ **fail** [페일]

동 실패하다, (시험에) 떨어지다

명 불합격, 실패

DAY 093

소유

□ **have** [해브]
동 가지다, (특징·자질·시간·필요성 등이) 있다

□ **own** [오운]
형 자신의
동 소유하다

□ **hold** [호울드]
동 잡다, 유지하다, 수용하다, 개최하다, 견디다
명 쥐기, 잡기

□ **fill** [필]
동 채우다, 충족시키다

□ **catch** [캣취]
동 잡다, 알아채다, (버스 등을) 타다, (병에) 걸리다
명 잡기

☐ **pick**
[픽]
동 고르다, 선택하다, 꺾다
명 선택, 선택된 것

☐ **pick up**
[픽 업]
동 ~을 집다, 전화를 받다, ~를 (차에) 태우다

☐ **collect**
[컬렉트]
동 모으다, 수집하다

☐ **embody**
[임바아디]
동 포함하다, 상징하다

☐ **enclose**
[인클로우즈]
동 둘러싸다, 동봉하다

DAY 094

주다

☐ **give** [기브] — 동 주다, 건네주다

☐ **show** [쇼우] — 동 보여 주다 / 명 쇼, 전시회

☐ **send** [쎈드] — 동 보내다

☐ **bring** [브륑] — 동 가져오다, 가져다주다

☐ **borrow** [바아로우/보오로우] — 동 빌리다

☐ **carry** [캐뤼]

동 지니다, 전달하다

☐ **exchange** [익스췌인쥐]

명 교환, 환전

동 교환하다

☐ **share** [쉐어]

동 함께 쓰다, 공유하다

명 몫, 주식

DAY 095

가리다

☐ **close** [클로우즈] — 동 닫다, (눈을) 감다, 덮다, 끝내다

☐ **disclose** [디스클로우즈] — 동 밝히다, 드러내다

☐ **cover** [커버] — 동 가리다, 덮다, 다루다 / 명 덮개, 표지

☐ **discover** [디스커버] — 동 발견하다, 찾다

☐ **discovery** [디스커버뤼] — 명 발견

□ **find** [파인드]	동 찾다, 발견하다, 알아내다, 여기다 명 발견물
□ **open** [오우펀]	동 열다, (눈을) 뜨다 형 열려 있는
□ **open up** [오우펀 업]	동 마음을 터놓다, 열다, ~을 가능하게 하다
□ **opening** [오우프닝]	명 구멍, 틈, 시작 부분, 빈자리, 개막(식) 형 시작 부분의
□ **secret** [씨이크럿/씨이크릿]	명 비밀, 비법 형 비밀의

DAY 091~095

REVIEW TEST

다음 영어 단어의 우리말 뜻을 쓰세요.

1 invent

2 introduce

3 invite

4 sample

5 example

6 climb

7 drop

8 dive

9 sink

10 fail

11 own

12 embody

13 enclose

14 borrow

15 carry

16 exchange

17 close

18 disclose

19 cover

20 discover

DAY 096 행동 ①

☐ **act** [액트]
명 행동
동 행동하다, 연기하다

☐ **actual** [액츄얼]
형 실제의, 사실상의

☐ **action** [액션]
명 행동, 동작, 조치

☐ **activity** [액티버티]
명 움직임, 활동

☐ **do** [두/더]
동 하다, 충분하다

□ **try** [트롸이]	동 시도하다, 애쓰다 명 시도
□ **trial** [트롸이얼]	명 시험, 재판
□ **work** [워얼크]	명 일, 직업, 작품 동 일하다, 효과가 있다, 작동하다
□ **work out** [워얼크 아웃]	동 운동하다, 잘 풀리다
□ **let** [렛]	동 ~하게 하다, ~하게 허락하다

DAY 097

행동 ②

□ **use** [명 유우스] [동 유우즈]	명 이용, 사용 동 이용하다, 쓰다
□ **used** [유우즈드/유우스트]	형 중고의, 익숙한
□ **useful** [유우스플]	형 유용한, 유능한
□ **reuse** [뤼이유우즈]	동 재사용하다
□ **get** [겟]	동 ~하게 되다, 받다, 얻다

- [ ] **get off** [겟 오오프/겟 아아프] — 동 내리다, 출발하다

- [ ] **get on** [겟 안] — 동 올라타다

- [ ] **get up** [겟 업] — 동 일어나다

- [ ] **put** [풋] — 동 놓다, 밀어 넣다

- [ ] **put on** [풋 아안/풋 오온] — 동 ~을 입다, ~을 (얼굴에) 바르다

DAY 098

행동 ③

□ **call** [코올]	동 전화하다, ~라고 부르다 명 전화, 부르는 소리
□ **ring** [륑]	동 전화하다, 울리다 명 종소리
□ **meet** [미잇]	동 만나다, 충족시키다
□ **connect** [커넥트]	동 연결하다, 접속하다
□ **join** [죠인]	동 연결하다, 합쳐지다, 가입하다

☐ **link** [링크]
명 관련(성), 관계
동 연결하다, 관련되다

☐ **mix** [믹스]
동 섞이다, 섞다
명 혼합(체)

☐ **line** [라인]
동 줄을 세우다
명 선, 줄

☐ **line up** [라인 업]
동 줄을 서다

☐ **classify** [클래씨파이]
동 분류하다, 구분하다

DAY 099

행동 ④

☐ **bake** [베이크]	동 굽다, 구워지다
☐ **cook** [쿡]	동 요리하다, 요리되다 명 요리사
☐ **cooker** [쿠커]	명 (오븐이 딸린 요리용 가스·전기) 레인지
☐ **cooking** [쿠킹]	명 요리 형 요리용의
☐ **wrap** [랩]	동 싸다, 포장하다 명 랩, 포장지

☐ **wrap up** [랩 업]
동 따뜻하게 입다, 마무리 짓다

☐ **add** [애드]
동 추가하다, 더하다

☐ **count** [카운트]
동 세다, 중요하다
명 계산

☐ **control** [컨트로울]
명 통제
동 통제하다

☐ **fool** [푸울]
동 속이다
명 바보

DAY 100

행동 ⑤

- [ ] **hurry**
[허어뤼]
동 서두르다
명 서두름

- [ ] **push**
[푸쉬]
동 밀다, 누르다
명 밀기, 누르기

- [ ] **throw**
[쓰로우]
동 던지다
명 던지기

- [ ] **hit**
[힛]
동 때리다, 치다
명 치기, 타격

- [ ] **kick**
[킥]
동 차다
명 차기, 쾌감

☐ **hang** [행]
동 걸다, 매달다

☐ **flash** [플래쉬]
동 비치다, 비추다
명 반짝임

☐ **focus** [포우커스]
동 집중하다, 초점을 맞추다
명 초점, 주목

DAY 096~100

REVIEW TEST

다음 영어 단어의 우리말 뜻을 쓰세요.

1 actual

2 action

3 activity

4 trial

5 use

6 used

7 useful

8 reuse

9 connect

10 join

11 link

12 classify

13 wrap

14 add

15 count

16 control

17 hurry

18 push

19 throw

20 hang

DAY 101

위치 ①

☐ **from** [프럼/프라암]
전 ~에서, ~부터

☐ **to** [투/터]
전 ~ 쪽으로, ~에게, ~까지

☐ **on** [아안/오온]
전 ~ 위에, (요일·날짜·때) ~에
부 계속

☐ **off** [오오프/아아프]
부 벗어나, 중지되어, 멀리로
전 ~에서 벗어나서, ~에서 아래로, ~에서 멀리로

☐ **over** [오우버]
전 ~ 위에, ~을 가로질러, ~을 넘어
부 뒤집어, 너머, ~ 이상

☐ **under** [언더]

전 ~ 아래에, ~ 속에, ~ 미만의, ~ 중인

부 아래에, 속에

☐ **above** [어버브]

전 ~보다 위에

부 위에

☐ **below** [빌로우]

전 ~보다 아래에

부 아래에

☐ **up** [업]

전 ~ 위로, ~ 위쪽으로

부 위로, 위에

☐ **down** [다운]

전 ~ 아래로, ~ 아래쪽으로

부 아래로, 아래에

DAY 102

위치 ②

- in [인]
  - 전 ~에 있는, ~ 안에
  - 부 안에

- into [인터/인투]
  - 전 ~의 안으로, ~로

- out [아웃]
  - 부 밖으로, 떠나서
  - 전 (문·창 등을 통하여) 밖으로

- side [싸이드]
  - 명 쪽, 측, 옆

- beside [비싸이드]
  - 전 ~ 옆에

☐ **inside** [인싸이드]

전 ~의 안에, ~의 안으로
부 안으로
명 안쪽
형 안쪽의

☐ **outside** [아웃싸이드]

전 ~의 바깥쪽에
부 밖에서
명 바깥쪽
형 바깥쪽의

☐ **by** [바이]

전 ~ 옆에, ~로, ~을 지나, ~에 따르면, ~에 의하여

☐ **near** [니얼]

형 가까운
부 가까이
전 ~에서 가까이

☐ **next to** [넥스트 투]

전 ~ 바로 옆에, ~ 다음의

DAY 103

위치 ③

☐ **at** [앳]	전 (장소·시간) ~에
☐ **around** [어롸운드]	전 ~ 주위에, ~의 여기저기 부 약, ~쯤, 사방에서
☐ **along** [얼로옹]	전 ~을 따라 부 앞으로, ~과 함께
☐ **across** [어크로오스]	전 ~을 가로질러, ~의 건너편에 부 가로질러
☐ **between** [비트위인]	전 ~ 사이에 부 그 사이에

☐ **close** [클로우스]
형 가까운
부 가까이

☐ **far** [파알]
부 멀리, 훨씬
형 먼, 가장 멀리 있는

☐ **away** [어웨이]
부 떨어진 곳에, 다른 곳으로, 자리에 없는

☐ **front** [프런트]
명 앞면, 앞쪽
형 앞쪽의

☐ **in front of** [인 프런트 어브]
~의 앞쪽에, ~의 앞에서

위치 ④

☐ **ahead** [어헤드]
부 앞으로, 앞에, 미리, 앞선

☐ **back** [백]
부 뒤로
형 뒤쪽의
명 등, 뒤쪽, 뒷면

☐ **backward** [백월드]
형 뒤의
부 뒤쪽으로, 거꾸로 (=backwards)

☐ **behind** [비하인드]
전 ~ 뒤에
부 뒤에, (있던 곳에 그대로) 남아

☐ **here** [히얼]
부 여기에, 지금
감 여기, 이리

☐ **there** [데얼]

부 거기에, 그곳에
감 거봐, 저 봐

☐ **east** [이이스트]

명 동쪽
형 동쪽에 있는
부 동쪽으로

☐ **west** [웨스트]

명 서쪽, 서양
형 서쪽에 있는
부 서쪽으로

☐ **south** [싸우쓰]

명 남쪽
형 남쪽에 있는
부 남쪽으로

☐ **north** [노올쓰]

명 북쪽
형 북쪽에 있는
부 북쪽으로

위치 ⑤

☐ **left**
[레프트]

형 왼쪽의
명 왼쪽
부 왼쪽으로

☐ **right**
[롸이트]

형 오른쪽의, 옳은, 정확한
명 오른쪽, 권리, 옳은 일
부 오른쪽으로, 옳게, 정확히, 곧바로

☐ **straight**
[스트뤠이트]

부 똑바로, 곧장
형 곧은

☐ **ago**
[어고우]

부 (얼마의 시간) 전에

☐ **before**
[비포어]

전 ~ 전에, ~ 앞에
접 ~하기 전에
부 예전에

□ **after** [애프터]

전 ~ 후에, ~ 뒤에
접 ~한 후에
부 후에, 나중에

□ **later** [레이터]

부 나중에, 뒤에
형 뒤의

□ **late** [레이트]

형 늦은, 고인이 된
부 늦게

□ **early** [어얼리]

형 이른, 빠른
부 일찍, 빨리

□ **then** [덴]

부 그때, 그다음에, 그러면

DAY 101~105

REVIEW TEST

다음 영어 단어의 우리말 뜻을 쓰세요.

1 over

2 under

3 above

4 below

5 side

6 beside

7 inside

8 outside

9 around

10 along

11 across

12 between

13 east

14 west

15 south

16 north

17 straight

18 later

19 late

20 early

DAY 106

범위 ①

☐ **avenue** [애버누우/애버뉴우]
명 거리, 길, 방안

☐ **street** [스트뤼잇]
명 거리, 도로

☐ **way** [웨이]
명 방법, 길, 방향
부 훨씬

☐ **road** [로우드]
명 도로, 길

☐ **track** [트뢕]
명 길, 발자국, 선로
동 뒤쫓다

☐ **block**
[블라악]

명 사각형 덩어리, 구역, 방해물
동 막다, 차단하다

☐ **wall**
[워얼]

명 담, 벽
동 담으로 에워싸다

☐ **corner**
[코올너]

명 모서리, 모퉁이
동 가두다, 몰아넣다

☐ **hole**
[호울]

명 구덩이, 구멍

☐ **grade**
[그뤠이드]

명 품질, 등급, 성적, 학년
동 (등급을) 나누다, (성적을) 매기다

DAY 107

범위 ②

□ **ground**
[그롸운드]

명 땅, 지면, ~장, 근거
동 (~에) 근거를 두다

□ **floor**
[플로어]

명 바닥, 층

□ **base**
[베이스]

명 기초, 맨 아래 부분
동 (~에) 근거지를 두다

□ **bottom**
[바아텀]

명 맨 아래, 바닥
형 맨 아래쪽의

□ **top**
[타압]

명 맨 위, 최고
형 맨 위의, 최고의
동 더 높다

□ **center** [쎈터]	명 중심, 중앙, 종합 시설 동 집중시키다, 중심에 두다
□ **central** [쎈트럴]	형 중앙의, 가장 중요한
□ **medium** [미이디엄]	형 중간의 명 매체(복수형은 media), 도구
□ **point** [포인트]	명 지점, 점, 의미, 요점 동 가리키다
□ **part** [파알트]	명 부분, 일부 동 (~와) 헤어지다

DAY 108

범위 ③

☐ **area** [에리어] — 명 지역, 구역, 부분

☐ **zone** [조운] — 명 지역

☐ **place** [플레이스] — 명 장소, 자리, 곳 / 동 두다, 놓다

☐ **village** [빌리쥐] — 명 마을

☐ **town** [타운] — 명 도시, 시내

☐ **city** [씨티] — 명 도시

☐ **country** [컨트뤼] — 명 국가, 나라, 시골

☐ **nation** [네이션] — 명 국가, 나라

☐ **international** [인털내셔널] — 형 국제적인

☐ **world** [워얼드] — 명 세계, 세상

DAY 109

형태

☐ **form** [포옴]

명 형태, 형식
동 형성하다, 형성되다

☐ **formal** [포올믈]

형 형식적인, 격식을 차린, 공식적인

☐ **informal** [인포올믈]

형 격식에 얽매이지 않는, 평상복의, 일상적인

☐ **formation** [포올메이션]

명 형성, 형성물, 대형

☐ **design** [디자인]

명 디자인, 설계
동 디자인하다, 설계하다

☐ **style** [스타일]

명 방식, 스타일

☐ **model** [마아들]

명 모형, 모델, 본보기

☐ **circle** [써얼클]

명 원형, 원

동 빙빙 돌다, 동그라미를 그리다

☐ **type** [타입]

명 형태, 유형, 종류

동 타자 치다, 분류하다

☐ **graph** [그래프]

명 그래프, 도표

DAY 110

빈도

☐ **always** [오올웨이즈]
부 항상, 언제나

☐ **everyday** [에브뤼데이]
형 매일의, 일상적인

☐ **usual** [유우쥬얼]
형 보통의

☐ **usually** [유우쥬얼리]
부 보통, 대개

☐ **often** [오오픈/오오프턴/아아픈]
부 종종, 자주, 흔히

☐ **sometimes** [썸타임즈] 부 가끔씩, 때때로

☐ **once** [원스] 부 한 번, 한때

☐ **twice** [트와이스] 부 두 번, 두 배로

☐ **hardly** [하알들리] 부 거의 ~하지 않다

☐ **never** [네버] 부 절대 ~하지 않다

DAY 106~110

REVIEW TEST

다음 영어 단어의 우리말 뜻을 쓰세요.

1 avenue

2 track

3 block

4 grade

5 floor

6 base

7 center

8 central

9 area

10 zone

11 nation

12 international

13 form

14 formal

15 informal

16 formation

17 always

18 usual

19 usually

20 hardly

DAY 111 글

- ☐ **alphabet** [앨퍼벳] — 명 알파벳
- ☐ **word** [워얼드] — 명 단어, 낱말, 말
- ☐ **literal** [리터럴] — 형 문자 그대로의
- ☐ **write** [롸이트] — 동 쓰다
- ☐ **spell** [스펠] — 동 철자를 쓰다 / 명 한동안, 주문, 마법

☐ **memo** [메모우]
명 메모

☐ **note** [노우트]
명 메모, 쪽지, 필기
동 주목하다, 언급하다, 적어두다

☐ **page** [페이쥐]
명 페이지, 쪽, 장

☐ **poem** [포우엄]
명 시

☐ **theme** [띠임]
명 주제, 테마

DAY 112

소식

- [ ] **letter** [레터] — 명 편지, 글자

- [ ] **P.S.** [피이에스] — 명 추신(편지 끝에 덧붙이는 말)

- [ ] **mail** [메일] — 명 우편, 우편물 / 동 부치다

- [ ] **mailbox** [메일바악스] — 명 우편함

- [ ] **airmail** [에얼메일] — 명 항공 우편

□ **post** [포우스트]	명 우편, 위치, 기둥, 직책 동 발송하다, 게시하다
□ **postal** [포우스틀]	형 우편의
□ **postbox** [포우스트바악스]	명 우체통
□ **news** [누우즈]	명 소식, 뉴스
□ **newspaper** [누우즈페이퍼]	명 신문, 신문지

DAY 113

경쟁

□ **contest** [명 카안테스트] [동 컨테스트]	명 대회, 경쟁 동 경쟁을 벌이다
□ **match** [매취]	명 경기, 시합, 성냥, 잘 어울리는 것 동 어울리다, 맞먹다
□ **test** [테스트]	명 시험, 검사 동 시험하다, 검사하다
□ **goal** [고울]	명 골, 득점, 목표
□ **prize** [프라이즈]	명 상, 상품, 소중한 것

□ **score** [스코어]
명 점수, 득점
동 득점을 올리다

□ **medal** [메들]
명 메달
동 메달을 따다

□ **player** [플레이어]
명 참가자, 연주자, 선수

□ **fight** [파이트]
동 싸우다
명 싸움, 투쟁

□ **win** [윈]
동 이기다, 쟁취하다
명 승리

DAY 114 가격

☐ **money** [머니]
명 돈, 재산

☐ **cash** [캐쉬]
명 현금, 돈

☐ **dollar** [다알러]
명 달러

☐ **won** [원]
명 원(한국의 화폐 단위)

☐ **pay** [페이]
동 돈을 내다, 대가를 치르다
명 보수, 급료

☐ **cost**
[코오스트]

명 비용
동 (값이) ~이다

☐ **cheap**
[취입]

형 (값이) 싼

☐ **expensive**
[익스펜시브]

형 비싼

☐ **bill**
[빌]

명 고지서, 청구서, 지폐, 법안
동 청구서를 보내다

DAY 115

단위

☐ **centimetre** [쎈티미이터]
명 센티미터 (=centimeter, cm)

☐ **metre** [미이터]
명 미터(100센티미터) (=meter, m)

☐ **inch** [인취]
명 인치(2.54센티미터), 조금, 약간
동 조금씩 움직이다

☐ **mile** [마일]
명 마일(1,609미터)

☐ **ounce** [아운스]
명 온스(28.35그램)(=oz)

□ **pound**
[파운드]

명 파운드(화폐 단위), 파운드(무게 단위, 0.454킬로그램)(=lb)

동 치다, 두드리다

□ **kilogram**
[킬러그램]

명 킬로그램(1,000그램)(=kg)

DAY 111~115

REVIEW TEST

다음 영어 단어의 우리말 뜻을 쓰세요.

1 word

2 literal

3 spell

4 note

5 poem

6 theme

7 post

8 postal

9 contest

10 match

11 goal

12 prize

13 score

14 win

15 cash

16 pay

17 cost

18 cheap

19 expensive

20 bill

DAY 116

순서 ①

- [ ] **number** [넘버]
  - 명 번호(=No.), 숫자
  - 동 번호를 매기다

- [ ] **order** [오올더]
  - 명 순서, 주문, 정리
  - 동 명령하다, 주문하다, 정리하다

- [ ] **next** [넥쓰트]
  - 형 다음의
  - 부 그다음에

- [ ] **last** [래스트]
  - 형 마지막의, 지난
  - 부 마지막에, 마지막으로
  - 동 지속되다

- [ ] **lastly** [래스틀리]
  - 부 마지막으로, 끝으로

□ **final** [파이늘]
형 마지막의, 최종적인
명 기말시험, 결승전

□ **future** [퓨우춰]
명 미래, 앞날
형 미래의

□ **soon** [쑤운]
부 곧, 머지않아, 빨리

□ **still** [스틸]
부 아직, 훨씬
형 가만히 있는, 고요한

□ **already** [오올뤠디]
부 이미, 벌써

DAY 117

순서 ②

□ **first** [퍼얼스트]

형 첫, 첫 번째(의), 일등의

부 우선, 맨 먼저, 처음(으로)

□ **second** [쎄컨드]

형 두 번째(의)

부 둘째로, 2위로

□ **secondary** [쎄컨데뤼]

형 이차적인, 부차적인, 중등 교육의, 중등학교의

□ **third** [떠얼드]

형 세 번째(의), 제3의

명 3분의 1

□ **fourth** [포올쓰]

형 네 번째(의), 제4의

명 4분의 1

☐ **fifth** [피프쓰]

형 다섯 번째(의), 제5의

명 5분의 1

☐ **sixth** [씩스쓰]

형 여섯 번째(의), 제6의

명 6분의 1

☐ **seventh** [쎄븐쓰]

형 일곱 번째(의), 제7의

명 7분의 1

☐ **eighth** [에잇쓰]

형 여덟 번째(의), 제8의

명 8분의 1

☐ **ninth** [나인쓰]

형 아홉 번째(의), 제9의

명 9분의 1

순서 ③

☐ **tenth**
[텐쓰]
형 열 번째(의)
명 10분의 1

☐ **eleventh**
[일레번쓰]
형 열한 번째(의)

☐ **twelfth**
[트웰프쓰]
형 열두 번째(의)

☐ **thirteenth**
[떠얼티인쓰]
형 열세 번째(의)

☐ **twentieth**
[트웬티어쓰]
형 스무 번째(의)

☐ **twenty first** 형 스물한 번째(의)
[트웬티 퍼얼스트]

☐ **twenty second** 형 스물두 번째(의)
[트웬티 쎄컨드]

☐ **twenty third** 형 스물세 번째(의)
[트웬티 떠얼드]

☐ **thirtieth** 형 서른 번째(의)
[떠얼티어쓰]

☐ **ninetieth** 형 아흔 번째(의)
[나인티어쓰]

DAY 119

이음말 ①

□ **about** [어바웃]

전 ~에 관하여, ~에 관한

부 약, ~쯤, 거의

□ **again** [어겐]

부 한 번 더, 다시

□ **against** [어겐스트]

전 ~에 반대하여, ~에 맞서

□ **almost** [오올모우스트]

부 거의

□ **and** [앤드]

접 그리고

☐ **as**
[어즈/애즈]

전 ~로서, ~처럼
부 (…만큼) ~한(as ~ as …)
접 ~하는 동안에, ~ 대로,
~ 때문에

☐ **because**
[비코오즈/비커즈]

접 ~ 때문에

☐ **but**
[벗]

접 그러나, ~ 외에

☐ **during**
[두륑/듀어륑]

전 ~ 동안

☐ **for**
[퍼어/포오어]

전 ~을 위해, ~(으)로,
~ 동안, ~에 대해

DAY 120

이음말 ②

☐ **however** [하우에버]
접 그러나
부 아무리 ~해도

☐ **if** [이프]
접 만약 ~하다면

☐ **just** [줘스트]
부 딱, 바로, 그저, 단지
형 공정한

☐ **of** [어브]
전 ~의

☐ **or** [오오어]
접 또는, 그렇지 않으면

☐ **plus** [플러쓰]	전 더하기, ~뿐만 아니라 명 이점, 덧셈 부호(+)
☐ **so** [쏘우]	접 그래서, 그러므로 부 그렇게, 매우
☐ **than** [던/댄]	전 접 ~보다
☐ **when** [웬]	접 ~할 때 부 언제
☐ **with** [위드]	전 ~와 함께, ~(으)로, ~을 가진

DAY 116~120

REVIEW TEST

다음 영어 단어의 우리말 뜻을 쓰세요.

1 order

2 next

3 last

4 final

5 soon

6 still

7 already

8 first

9 second

10 secondary

11 third

12 fourth

13 ninth

14 twelfth

15 twenty first

16 thirtieth

17 ninetieth

18 against

19 almost

20 during

DAY 121

과일

☐ **apple** — 명 사과

[애플]

☐ **banana** — 명 바나나

[버내너]

☐ **grape** — 명 포도

[그뤠이프]

☐ **kiwi** — 명 키위

[키이위이]

☐ **lemon** — 명 레몬

[레먼]

- ☐ **melon** 명 멜론
  [멜런]
- ☐ **watermelon** 명 수박
  [워어털멜런]
- ☐ **pear** 명 배
  [페어]
- ☐ **pineapple** 명 파인애플
  [파인애플]
- ☐ **strawberry** 명 딸기
  [스트로오베뤼]
- ☐ **fruit** 명 과일
  [프루읏]

DAY 122

식품 ①

- ☐ **meat** [미잇] — 명 고기

- ☐ **bacon** [베이컨] — 명 베이컨

- ☐ **beef** [비이프] — 명 소고기

- ☐ **biscuit** [비스킷] — 명 비스킷

- ☐ **bread** [브뤠드] — 명 빵

☐ **butter** 명 버터
[버터]

☐ **cake** 명 케이크
[케이크]

☐ **candy** 명 캔디, 사탕
[캔디]

☐ **carrot** 명 당근
[캐뤗]

☐ **cheese** 명 치즈
[취이즈]

☐ **chocolate** 명 초콜릿
[챠아클럿]

DAY 123

식품 ②

☐ **coffee** [코오피/카아피]

명 커피

☐ **cookie** [쿠키]

명 쿠키

☐ **cream** [크뤼임]

명 크림
형 크림색의

☐ **curry** [커어뤼]

명 카레

☐ **doughnut** [도우넛]

명 도넛(=donut)

□ **food**
[푸우드]

명 식량, 음식, 식품

□ **gum**
[검]

명 껌(=chewing gum), 잇몸

□ **honey**
[허니]

명 꿀

□ **jam**
[잼]

명 잼, 혼잡, 교통 체증
동 밀어 넣다

□ **juice**
[쥬우스]

명 즙, 주스

DAY 124

식품 ③

☐ **milk** 명 우유

[밀크]

☐ **noodle** 명 국수

[누우들]

☐ **nut** 명 견과, 너트

[넛]

☐ **onion** 명 양파

[어니언]

☐ **pie** 명 파이

[파이]

☐ **vegetable** 명 채소, 야채
[베쥐터블]

☐ **potato** 명 감자
[퍼테이토우]

☐ **rice** 명 쌀, 벼, 밥
[롸이스]

☐ **salad** 명 샐러드
[쌜러드]

☐ **salt** 명 소금
[쏘올트]

DAY 125

식품 ④

☐ **sandwich** [쌘위취]
명 샌드위치

☐ **sauce** [쏘오스]
명 소스

☐ **seafood** [씨이푸우드]
명 해산물

☐ **snack** [스낵]
명 간단한 식사, 간식
동 식사를 간단히 하다

☐ **soda** [쏘우더]
명 탄산음료

☐ **soup** 명 수프
[쑤웁]

☐ **steak** 명 스테이크
[스테이크]

☐ **sugar** 명 설탕, 당분
[슈거]

☐ **tea** 명 차, 찻잎, 홍차
[티이]

☐ **tomato** 명 토마토
[터메이토우]

DAY 121~125

REVIEW TEST

다음 영어 단어의 우리말 뜻을 쓰세요.

1 grape

2 lemon

3 pear

4 strawberry

5 bread

6 butter

7 carrot

8 chocolate

9 cream

10 curry

11 **food**

12 **juice**

13 **nut**

14 **rice**

15 **salad**

16 **salt**

17 **snack**

18 **soup**

19 **steak**

20 **sugar**

DAY 126 기타 ①

- [ ] **guest** [게스트] — 명 손님, 하객, 내빈, 투숙객

- [ ] **hero** [히(이)로우/히어로우] — 명 영웅, 남자 주인공

- [ ] **king** [킹] — 명 왕

- [ ] **prince** [프륀스] — 명 왕자

- [ ] **princess** [프륀세스] — 명 공주

☐ **queen** [퀴인]
명 여왕, 왕비

☐ **god** [가앗]
명 하느님, 신

☐ **palace** [팰러스/팰리스]
명 궁전, 왕실

☐ **chance** [췐스]
명 가능성, 기회

☐ **mind** [마인드]
명 마음, 정신, 생각
동 신경 쓰다, 주의하다

기타 ②

- [ ] **a/an**
[어/에이]
[언/앤]
관 한 ~, 하나의

- [ ] **a lot of**
[어 라앗 어브]
많은

- [ ] **lot**
[라앗]
대 많음, 다량, 다수
명 지역, 품목

- [ ] **all**
[오올]
한 모든
대 다, 모두
부 완전히, 온통

- [ ] **all right**
[오올 롸이트]
형 부 괜찮은, 무사한
감 알았어

☐ **also** [오올쏘우]	부 ~ 또한, 게다가
☐ **another** [어너더]	한 또 하나의, 다른 대 또 하나의 것, 다른 것
☐ **other** [어더]	형 다른, 다른 하나의 대 다른 사람[것]
☐ **any** [에니]	한 어느, 어떤 대 아무(것)도, 무엇이든 부 전혀, 조금도
☐ **anything** [에니띵]	대 아무것, 무엇이든, 중요한 것

DAY 128 기타 ③

☐ **both**
[보우쓰]
한 둘 다의
대 둘 다

☐ **double**
[더블]
형 두 배의
명 두 배
동 두 배로 되다

☐ **each**
[이이취]
한 각각의
대 각각

☐ **enough**
[이너프]
형 충분한
대 충분한 양
부 충분히

☐ **every**
[에브뤼]
한 모든, 매 ~

- [ ] **everyone** [에브뤼원]
  대 모든 사람, 모두

- [ ] **little** [리틀]
  형 작은, 어린, 거의 없는, 약간의
  부 조금

- [ ] **many** [메니]
  형 많은
  대 다수

- [ ] **more** [모어]
  형 더 ~한
  부 더 많이

- [ ] **much** [머취]
  형 많은
  대 많음
  부 매우

기타 ④

☐ **no**
[노우]

감 아니, 안 돼
한 어떤 ~도 없는

☐ **nothing**
[너띵]

대 아무것도,
아무것도 아닌 것

☐ **same**
[쎄임]

한 같은, 동일한
대 (~과) 똑같은 것

☐ **some**
[썸]

형 약간의, 일부의
대 몇몇, 일부

☐ **too**
[투우]

부 너무, ~도 또한

☐ **what** [와앗/웟]
대 무엇, (~하는) 것
한 어떤, 몇, 무슨

☐ **where** [웨얼]
부 어디에, 어디로
대 어디

☐ **which** [위취]
대 어느 쪽, 어떤 사람[것]
한 어느

☐ **who** [후우]
대 누구

☐ **whose** [후우즈]
대 누구의 것
한 누구의

기타 ⑤

☐ **why**
[와이]

부 왜, 어째서

☐ **may**
[메이]

조 ~일지도 모른다,
~해도 좋다

☐ **might**
[마이트]

조 ~일지도 모른다,
~해도 좋다,
may의 과거형

☐ **must**
[머스트]

조 ~해야 한다, ~이 틀림없다

☐ **should**
[셔드/슈드]

조 ~해야 한다

☐ **will** [윌]

조 ~할[일] 것이다

☐ **would** [우드/워드]

조 ~일 것이다,
~이었을 것이다,
will의 과거형

DAY 126~130

REVIEW TEST

다음 영어 단어의 우리말 뜻을 쓰세요.

1 guest

2 hero

3 prince

4 queen

5 palace

6 chance

7 lot

8 another

9 other

10 both

11 double

12 each

13 enough

14 little

15 nothing

16 same

17 some

18 whose

19 must

20 should

DAY 131 생물 ①

□ **bear** [베어]	명 곰 동 참다
□ **beaver** [비이버]	명 비버
□ **bee** [비이]	명 벌
□ **bird** [버얼드]	명 새
□ **bluebird** [블루우버얼드]	명 파랑새

□ **bug** 명 벌레, 작은 곤충
[버그]

□ **bunny** 명 토끼(=rabbit)
[버니]

□ **cat** 명 고양이
[캣]

□ **caterpillar** 명 애벌레
[캐털필러]

□ **chimpanzee** 명 침팬지
[침팬지이]

생물 ②

☐ **cow**
[카우]
명 암소, 젖소

☐ **deer**
[디얼]
명 사슴

☐ **dog**
[도오그]
명 개

☐ **dolphin**
[다알핀]
명 돌고래

☐ **dragon**
[드래건]
명 용

☐ **duck** [덕]	명 오리
☐ **egg** [에그]	명 알, 달걀, 계란
☐ **elephant** [엘리펀트/엘러펀트]	명 코끼리
☐ **flower** [플라우어]	명 꽃 동 꽃을 피우다
☐ **fox** [파악스]	명 여우

DAY 133

생물 ③

☐ **frog** [프로오그/프라아그]	명 개구리
☐ **giraffe** [져래프]	명 기린
☐ **hippo** [히포우]	명 하마(=hippopotamus)
☐ **horse** [호올스]	명 말
☐ **jellyfish** [젤리피쉬]	명 해파리

☐ **kangaroo** 명 캥거루
[캥거루우]

☐ **lion** 명 사자
[라이언]

☐ **monkey** 명 원숭이
[멍키]

☐ **mouse** 명 쥐, (컴퓨터) 마우스
[마우스]

☐ **panda** 명 판다
[팬더]

DAY 134

생물 ④

☐ **parrot** 명 앵무새
[패뤗]

☐ **pig** 명 돼지
[피그]

☐ **puppy** 명 강아지
[퍼피]

☐ **rabbit** 명 토끼
[래빗]

☐ **rose** 명 장미
[로우즈] 형 장밋빛의

☐ **tail** 명 꼬리
[테일]

☐ **tiger** 명 호랑이
[타이거]

☐ **turtle** 명 (바다) 거북
[터얼틀]

☐ **wolf** 명 늑대
[울프]

☐ **zebra** 명 얼룩말
[제브뤄/지이브뤄]

DAY 131~134

REVIEW TEST

다음 영어 단어의 우리말 뜻을 쓰세요.

1 beaver

2 bluebird

3 caterpillar

4 chimpanzee

5 deer

6 dolphin

7 elephant

8 fox

9 frog

10 giraffe

11 hippo

12 jellyfish

13 lion

14 mouse

15 parrot

16 rose

17 tail

18 turtle

19 wolf

20 zebra

DAY 001~005

1 자연, 천성, 본질
2 대양, 바다
3 만
4 강
5 호수
6 연못
7 숲
8 나무, 목재
9 나뭇잎
10 풀, 잔디
11 사막, 버리다
12 들판, ~장
13 언덕, 경사로
14 친환경의
15 지구, 세상
16 행성, 세상
17 기체, 가스
18 석유, 기름
19 에너지, 기운
20 힘, 작동시키다

DAY 006~010

1 뇌
2 머리, 머리카락, 털
3 입
4 이
5 목
6 팔, 소매
7 손, 건네주다
8 손가락
9 뼈
10 ~을 찾다, ~을 구하다
11 보다, 시계, 주시
12 부드러운, 푹신한
13 피부, 껍질
14 크게, 소리 내어
15 듣다, 듣기
16 조용한, 고요,
조용해지다
17 외치다, 외침
18 맛, ~ 맛이 나다
19 맛, 맛을 내다
20 아주 맛있는

DAY 011~015

1 인간, 인간의
2 인종, 경주, 경주하다
3 인종의
4 남자, 인류
5 가족, 가족의
6 딸
7 고모, 이모, 숙모,
외숙모
8 삼촌, 외삼촌,
고모부, 이모부
9 사촌, 친척
10 ~와 결혼하다
11 혼자, 혼자인
12 함께
13 우정
14 밴드, 무리, 띠
15 무리, 집단, 나누다
16 선장, 기장, 주장
17 이웃, 이웃의
18 사회의, 사회적인
19 사람들, 민속 음악,
민속의, 전통적인
20 캠페인, 운동, 활동,
캠페인을 벌이다

DAY 016~020

1 시계
2 시간, 시각, 때
3 시간을 어기지 않고
4 날짜, 시기, 때
5 오후
6 저녁, 밤
7 현재의, 참석한,
선물, 현재,
수여하다, 보여 주다
8 내일, 미래
9 일주일, 주
10 매주의
11 주말, 주말 휴가
12 수요일
13 월, 달
14 2월
15 8월
16 9월
17 12월
18 계절, 양념하다
19 가을
20 달력

DAY 021~025

1 날씨
2 흐린, 구름이 많은
3 바람이 많이 부는
4 젖은, 적시다
5 마른, 마르다
6 따뜻한,
따뜻하게 하다
7 크기, 치수
8 큰, 많은, 대형의
9 무게, 체중
10 밝은, 똑똑한, 밝게
11 무거운, 많은
12 강한, 튼튼한
13 높은, 높이가 ~인, 높게
14 깊은, 짙은, 깊이
15 속도
16 빠른, 빨리
17 어려운, 힘든
18 분명한, 맑은, 치우다

19 확실한, 어느 정도의
20 반드시 ~하게 하다

DAY 026~030

1 더 나쁜, 더 나쁘게
2 좋은, 건강한, 미세한
3 신선한, 새로운
4 새로운
5 갈증, 갈망
6 목이 마른, 건조한, 갈망하는
7 더러운
8 깨끗한, 닦다
9 곱슬의
10 유명한
11 특별한, 특별한 것
12 일류의, 전형적인, 고전, 클래식
13 재주, 재능
14 영리한, 기발한
15 똑똑한, 따끔거리다
16 창의적인
17 사실의
18 다른
19 틀린, 잘못
20 위험

DAY 031~035

1 두려워하는, 걱정하는
2 무서운, 겁나는
3 걱정하는
4 뜻밖의 일, 놀라움, 놀라게 하다
5 속상하게 만들다, 속상한
6 피곤한, 지겨운
7 재미없는, 지루한
8 신이 난, 들뜬
9 즐기다
10 제발, 기쁘게 하다
11 즐거운, 기분 좋은
12 기쁨, 즐거움
13 매우 좋아하는 (것[사람])
14 사랑하는, 소중한
15 관심, 이자, 이해관계, ~의 관심을 끌다
16 재미있는, 흥미로운
17 도전, 도전하다
18 연습, 실행, 관습, 연습하다, 실행하다
19 반복하다, 반복
20 탐험하다, 탐구하다

DAY 036~040

1 질문, 질문하다
2 퀴즈, 시험, (많은) 질문을 하다
3 쟁점, 발표하다
4 대답, 대답하다
5 나타내다, 급행의
6 변명, 용서하다
7 명확하게 하다
8 축하하다, 기뻐하다
9 이야기를 나누다, 채팅하다, 대화
10 대화
11 상의하다, 의논하다
12 소통하다
13 개념, 관념, 생각
14 계획하다, 계획
15 계획, 프로젝트, 계획하다, 비추다
16 추측하다, 추측
17 검토, 비평, 복습, 검토하다, 비평하다
18 결정하다
19 결정, 판단, 결단력
20 동의하다

DAY 041~045

1 학급, 수업, 계층
2 교실
3 수업, 교훈
4 강의, 과목, 과정
5 글을 읽고 쓸 줄 아는 능력
6 공부, 연구, 공부하다
7 가르치다
8 졸업(식)
9 주제, 과목, 주어, ~될 수 있는
10 (과목) 역사, 역사
11 수학, 계산
12 숙제, 과제
13 지우개
14 지우다, 없애다
15 가위
16 자, 통치자
17 일기, 일기장
18 카드
19 파일, 보관하다
20 인쇄하다, 인쇄물

DAY 046~050

1 꽃병
2 카펫, 양탄자
3 커튼
4 화장지, 조직
5 칫솔
6 빗자루
7 평상시의, 평상복
8 선물, 재능

9 우산, 양산
10 쓰레기
11 지도, 지도를 그리다
12 아침 식사
13 먹이다, 먹이
14 음료, 마시다
15 깨다, 깨우다
16 졸음이 오는
17 욕조, 목욕시키다
18 샤워기, 샤워를 하다
19 버릇, 습관
20 상태, 환경, 조건

DAY 051~055

1 옷, 의복
2 외투, 덮다, 입히다
3 청바지
4 치마
5 왕관, 왕관을 씌우다
6 안경
7 마스크, 가리다
8 장갑
9 주머니, 주머니에 넣다
10 양말 (한 짝)
11 신발 (한 짝)
12 유행, 인기, 만들다
13 유리, 잔
14 병
15 그릇
16 냄비, 솥
17 접시, 그릇
18 의자
19 서랍
20 거울

DAY 056~060

1 공간, 장소, 우주
2 방, 공간, 여지
3 부엌, 주방
4 현관, 복도, 홀
5 주민, 공동체
6 법정, (테니스) 코트
7 병원
8 사무소, 사무실
9 가게, 상점, 저장하다
10 부서, 학과
11 시장, (상품을) 내놓다
12 가게, 쇼핑을 하다
13 항구
14 역, 배치하다
15 다리, 다리를 놓다
16 횡단보도
17 도서관, 서재
18 박물관, 미술관
19 마당, 뜰, 정원
20 수영장, 웅덩이

DAY 061~065

1 운전하다, 자동차 주행
2 자전거
3 안전띠
4 지하철
5 표, 입장권, 교통 법규 위반 딱지
6 헬멧
7 안전한, 금고
8 디지털의
9 화면, 스크린, 가리개, 차단하다
10 비디오, 녹화하다
11 라디오, 무전을 보내다
12 무인 항공기
13 로켓, 치솟다
14 팬, 선풍기, 부채질을 하다
15 스토브, 화로, 난로
16 레이저
17 엘리베이터, 승강기
18 인터넷
19 그물, 망, 골대
20 온라인의, 온라인으로

DAY 066~070

1 스포츠, 운동 (경기)
2 방망이, 공을 치다
3 운동, 연습 문제, 활동, 운동하다
4 달리다, 운영하다, 달리기
5 하이킹을 하다, 하이킹(도보 여행)
6 요가
7 스케이트를 타다, 스케이트화
8 스키를 타다, 스키
9 자유로운, 무료의, ~이 없는, 풀어 주다
10 자유
11 휴가, 방학, 휴일
12 방학
13 쉬다, 휴식, 나머지
14 여행, 발을 헛디디다
15 여행, 관광하다
16 여행하다, 여행
17 여행자
18 콘서트, 연주회
19 축제
20 공연장, 극장, 연극

DAY 071~075

1 미술, 예술, 미술품
2 문화, 배양하다
3 전통의, 전통적인

4 영화, 필름, 촬영하다
5 노래하다
6 노래
7 음악
8 음악의, 뮤지컬
9 취미
10 그림, 사진, 상상하다, 묘사하다
11 이미지, 영상, 그림
12 조각상
13 색, 색칠하다
14 다채로운
15 자주색의, 자주색
16 갈색의, 갈색
17 회색의, 회색
18 어두운, 짙은, 어둠
19 페인트, 그리다, 페인트를 칠하다
20 그리다, 끌어당기다, 얻다, 추첨, 무승부

DAY 076~080

1 예술가
2 디자이너
3 화가
4 사진작가
5 아나운서
6 리포터, 기자
7 감독, 관리자
8 여배우
9 치과 의사
10 파일럿, 조종사
11 우주 비행사
12 탐험가
13 사업, 상업, 일
14 임무, 사절단, 전도
15 판매, 매출, 영업
16 상품, 제품
17 직원
18 손님, 고객
19 농장, 농사를 짓다
20 농부

DAY 081~085

1 눕다, 놓여 있다
2 돌아오다, 돌려주다, 반납
3 변하다, 변화시키다, 변화, 거스름돈
4 녹다, 녹이다
5 나이, 나이가 들다
6 자라다, ~(해)지다
7 아이, 어린이, 자식
8 성인, 성인의
9 건강, 의료
10 건강한, 건강에 좋은
11 열, 초조
12 의학, 의료, 약
13 경비, 경호, 경비원, 경호원, 지키다
14 재활용하다
15 저장하다, 절약하다, 구하다
16 안내, 안내하다
17 깨뜨리다, 고장 나다, 휴식, 쉬는 시간
18 전쟁
19 잃다, 지다
20 놓치다, 그리워하다, 실수, 오류

DAY 086~090

1 실수, 오해하다, 착각하다
2 ~을 돌보다, ~을 책임지다
3 돌봄, 보살핌, 조심, 걱정, 배려하다, 관심을 가지다
4 지나가다, 통과
5 걸음, 움직이다
6 들어가다, 들어오다
7 대신하다, 옮겨 놓다
8 진전, 진행하다, 나아가다
9 타다, 타기
10 방문하다, 방문
11 머무르다, 머무름
12 고정시키다, 수리하다, 해결(책)
13 시작하다, 시작되다
14 도착하다, 도래하다
15 끝내다, 마지막, 끝
16 끝, 끝나다, 끝내다
17 탄생, 출현
18 죽다, 사라지다
19 죽은, 작동을 안 하는
20 죽음

DAY 091~095

1 발명하다
2 소개하다, 도입하다
3 초대하다, 초대
4 표본, 샘플
5 예, 사례, 본보기
6 오르다, 등산
7 떨어지다, 방울, 하락
8 뛰어들다, 잠수하다, 급락하다, 다이빙
9 가라앉다, 침몰시키다, 싱크대

10 실패하다, 떨어지다, 불합격, 실패
11 자신의, 소유하다
12 포함하다, 상징하다
13 둘러싸다, 동봉하다
14 빌리다
15 지니다, 전달하다
16 교환, 환전, 교환하다
17 닫다, (눈을) 감다, 덮다, 끝내다
18 밝히다, 드러내다
19 가리다, 덮다, 다루다, 덮개, 표지
20 발견하다, 찾다

DAY 096~100

1 실제의, 사실상의
2 행동, 동작, 조치
3 움직임, 활동
4 시험, 재판
5 이용, 이용하다
6 중고의, 익숙한
7 유용한, 유능한
8 재사용하다
9 연결하다, 접속하다
10 연결하다, 가입하다
11 관련(성), 연결하다
12 분류하다, 구분하다
13 싸다, 포장하다, 랩
14 추가하다, 더하다
15 세다, 계산
16 통제, 통제하다
17 서두르다, 서두름
18 밀다, 밀기
19 던지다, 던지기
20 걸다, 매달다

DAY 101~105

1 ~ 위에, ~을 가로질러
2 ~ 아래에, ~ 속에
3 ~보다 위에, 위에
4 ~보다 아래에, 아래에
5 쪽, 측, 옆
6 ~ 옆에
7 ~의 안에, ~의 안으로
8 ~의 바깥쪽에
9 ~ 주위에, 약, ~쯤
10 ~을 따라, 앞으로
11 ~을 가로질러
12 ~ 사이에
13 동쪽, 동쪽에 있는, 동쪽으로
14 서쪽, 서양, 서쪽에 있는, 서쪽으로
15 남쪽, 남쪽에 있는, 남쪽으로
16 북쪽, 북쪽에 있는, 북쪽으로
17 똑바로, 곧장, 곧은
18 나중에, 뒤에, 뒤의
19 늦은, 늦게
20 이른, 빠른, 일찍

DAY 106~110

1 거리, 길, 방안
2 길, 발자국, 뒤쫓다
3 사각형 덩어리, 구역, 방해물, 막다
4 품질, 등급, 성적, 학년, (등급을) 나누다
5 바닥, 층
6 기초, 맨 아래 부분, (~에) 근거지를 두다
7 중심, 집중시키다
8 중앙의, 가장 중요한
9 지역, 구역, 부분
10 지역
11 국가, 나라
12 국제적인
13 형태, 형식, 형성하다, 형성되다
14 형식적인, 공식적인
15 격식에 얽매이지 않는, 평상복의
16 형성, 형성물, 대형
17 항상, 언제나
18 보통의
19 보통, 대개
20 거의 ~하지 않다

DAY 111~115

1 단어, 낱말, 말
2 문자 그대로의
3 철자를 쓰다, 한동안, 주문, 마법
4 메모, 주목하다
5 시
6 주제, 테마
7 우편, 위치, 기둥, 발송하다, 게시하다
8 우편의
9 대회, 경쟁을 벌이다
10 경기, 시합, 성냥, 잘 어울리는 것, 어울리다, 맞먹다
11 골, 득점, 목표
12 상, 상품, 소중한 것
13 점수, 득점을 올리다
14 이기다, 승리
15 현금, 돈
16 돈을 내다, 보수, 급료
17 비용, (값이) ~이다

18 (값이) 싼
19 비싼
20 고지서, 지폐, 법안, 청구서를 보내다

DAY 116~120

1 순서, 주문, 정리, 명령하다, 주문하다
2 다음의, 그다음에
3 마지막의, 지난, 마지막에, 마지막으로, 지속되다
4 마지막의, 최종적인, 기말시험, 결승전
5 곧, 머지않아, 빨리
6 아직, 훨씬, 가만히 있는, 고요한
7 이미, 벌써
8 첫, 첫 번째(의), 일등의, 우선, 맨 먼저, 처음(으로)
9 두 번째(의), 둘째로, 2위로
10 이차적인, 부차적인, 중등 교육의
11 세 번째(의), 제3의, 3분의 1
12 네 번째(의), 제4의, 4분의 1
13 아홉 번째(의), 제9의, 9분의 1
14 열두 번째(의)
15 스물한 번째(의)
16 서른 번째(의)
17 아흔 번째(의)
18 ~에 반대하여
19 거의
20 ~ 동안

DAY 121~125

1 포도
2 레몬
3 배
4 딸기
5 빵
6 버터
7 당근
8 초콜릿
9 크림, 크림색의
10 카레
11 식량, 음식, 식품
12 즙, 주스
13 견과, 너트
14 쌀, 벼, 밥
15 샐러드
16 소금
17 간단한 식사, 간식
18 수프
19 스테이크
20 설탕, 당분

DAY 126~130

1 손님, 하객, 내빈
2 영웅, 남자 주인공
3 왕자
4 여왕, 왕비
5 궁전, 왕실
6 가능성, 기회
7 많음, 다량, 다수
8 또 하나의, 다른, 또 하나의 것, 다른 것
9 다른, 다른 하나의, 다른 사람[것]
10 둘 다의, 둘 다
11 두 배(의), 두 배로 되다
12 각각의, 각각
13 충분한, 충분히
14 작은, 어린, 거의 없는, 약간의, 조금
15 아무것도 (아닌 것)
16 같은, 동일한, (~과) 똑같은 것
17 약간의, 일부의, 몇몇, 일부
18 누구의 것, 누구의
19 ~해야 한다, ~이 틀림없다
20 ~해야 한다

DAY 131~134

1 비버
2 파랑새
3 애벌레
4 침팬지
5 사슴
6 돌고래
7 코끼리
8 여우
9 개구리
10 기린
11 하마
12 해파리
13 사자
14 쥐, (컴퓨터) 마우스
15 앵무새
16 장미, 장밋빛의
17 꼬리
18 (바다) 거북
19 늑대
20 얼룩말

마더텅 학습 교재 이벤트에 참여해 주세요.
참여해 주신 분께 선물을 드립니다.

※ 자세한 사항은 해당 QR 코드를 스캔하거나 홈페이지 이벤트 공지 글을 참고해 주세요. ※ 당사 사정에 따라 이벤트의 내용이나 상품이 변경될 수 있으며 변경 시 홈페이지에 공지합니다. ※ 상품은 이벤트 참여일로부터 2~3일(영업일 기준) 내에 발송됩니다. ※ 동일 교재로 두 가지 이벤트 모두 참여 가능합니다. (단, 같은 이벤트 중복 참여는 불가합니다.) ※ 이벤트 기간: 2026년 12월 31일까지 (*해당 이벤트는 당사 사정에 따라 조기 종료될 수 있습니다.)

이벤트 1
1분 간단 교재 사용 후기 이벤트

마더텅은 고객님의 소중한 의견을 반영하여 보다 좋은 책을 만들고자 합니다. 교재 구매 후, 교재 사용 후기 이벤트에 참여해 주신 모든 분께 감사의 마음을 담아 **네이버페이 포인트 1천 원** 을 보내 드립니다. 지금 바로 QR 코드를 스캔해 소중한 의견을 보내 주세요!

이벤트 2 마더텅 교재로 공부하는 인증샷 이벤트

인스타그램에 마더텅 교재로 공부하는 인증샷을 올려 주시면 참여해 주신 모든 분께 감사의 마음을 담아 **네이버페이 포인트 2천 원** 을 보내 드립니다. 지금 바로 QR 코드를 스캔해 작성한 게시물의 URL을 입력해 주세요!

필수 태그 #마더텅 #마더텅영단어 #공스타그램

2026 제6기 마더텅 초등학교 학습수기 공모전 안내

왼쪽 상단의 QR 코드를 스캔하면
이벤트 공지 글을 확인하실 수 있습니다.

**마더텅 교재를 풀면서 궁금한 점이 생기셨나요?
교재 관련 내용 문의나 오류신고 사항이 있으면
아래 문의처로 보내 주세요!**

문의하신 내용에 대해 성심성의껏 답변해 드리겠습니다.
또한 교재의 **내용 오류** 또는 **오·탈자, 그 외 수정이 필요한 사항**에 대해
가장 먼저 신고해 주신 분께는 감사의 마음을 담아
네이버페이 포인트 1천 원 을 보내 드립니다!

기한 2026년 12월 31일

*오류신고 이벤트는 당사 사정에 따라 조기 종료될 수 있습니다.

*홈페이지에 게시된 정오표 기준으로 최초 신고된 오류에 한하여 상품권을 보내 드립니다.

- 카카오톡 mothertongue
- 이메일 mothert1004@toptutor.co.kr
- 고객센터 전화 1661-1064(07:00~22:00)
- 문자 010-6640-1064(문자수신전용)
- 교재 Q&A 게시판
- 홈페이지 www.toptutor.co.kr